新农村建设之新农业

XINNONGCUNJIANSHE

傅治平　赵小艳◎著

中国社会出版社

图书在版编目（CIP）数据

新农村建设之新农业/傅治平，赵小艳著．—北京：中国社会出版社，2009.5

（新农村建设丛书/傅治平主编）

ISBN 978-7-5087-2591-8

Ⅰ．新…　Ⅱ．①傅…②赵…　Ⅲ．农业经济—经济发展—研究—中国　Ⅳ．F323

中国版本图书馆 CIP 数据核字（2009）第 049381 号

丛 书 名：新农业建设丛书
丛书主编：傅治平
书　　名：新农村建设之新农业
著　　者：傅治平　赵小艳
责任编辑：李方舟

出版发行：中国社会出版社　　　邮政编码：100032
通联方法：北京市西城区二龙路甲 33 号新龙大厦
　　　　　电　话：(010)66080300　(010)66083600
　　　　　　　　　(010)66085300　(010)66063678
　　　　　邮购部：(010)66060275　电传：(010)66051713
网　　址：www. shcbs. com. cn
经　　销：全国各地新华书店

印刷装订：北京京海印刷厂
开　　本：145mm×210mm　1/32
印　　张：6
字　　数：110 千字
版　　次：2009 年 5 月第 1 版
印　　次：2014 年 3 月第 3 次印刷

定　　价：12.00 元

目　录

序

贯彻科学发展观，坚持走中国特色农业现代化道路

农业是安天下、稳民心的战略产业，没有农业的现代化就没有国家的现代化。

世界范围的农业现代化进程是从20世纪初随着工业革命的演进和科学技术的进步而启动的。在推进农业现代化进程中，实现农业现代化的方式主要有三种：一是如美国、加拿大等人少地多、劳动力短缺的国家，它们以提高劳动生产率为主要目标，凭借发达的现代工业优势，大力发展农用机械，取代人力和畜力，通过扩大单位农场种植面积和经营规模，提高农产品的总产量。二是如日本、荷兰等人多地少、耕地资源短缺的国家，它们以提高土地生产率为主要目标，把科技进步放在重要位置，通过改良农作物品种、加强农田水利建设、增加化肥和农药施用量等措施，提高单位面积农产品产量。三是如法国、德国等土地、劳动力比例适中的国家，它们以提高劳动生产率和土地生产率为主要目标，既重视用现代工业装备农业，

又重视科学技术的推广应用。世界农业现代化道路的发展历史表明，发达国家在实现农业现代化过程中，都非常注重立足本国国情，积极探索各具特色的发展道路。因此，实现农业现代化没有一成不变的模式，唯有从实际出发才是取得成功的正确选择。

中国特色农业现代化道路是中国特色社会主义道路的重要组成部分。1978年，党的十一届三中全会作出了把党和国家工作中心转移到经济建设上来，实行改革开放的历史性决策。全面把握国内外发展局势，尊重农民首创精神，率先在农村发起改革，并以磅礴之势推向全国，谱写出了农业改革发展的壮丽史诗。30年来农村改革发展取得了巨大成就：一是农村体制改革取得重大突破，废除了人民公社，确立了以家庭承包经营为基础、统分结合的双层经营体制，全面开放农产品市场，取消农业税，对农民实行直接补贴，初步形成了适应我国国情和社会生产力发展要求的农村经济体制；二是农业综合生产能力显著提高，粮食产量从1978年的6095亿斤增加到2007年的10032亿斤，总产量增长了64.6%，亩产量增长了88.7%，依靠自己力量稳定解决了13亿人口的吃饭问题；三是农村经济全面繁荣，农村经济结构不断优化，乡镇企业异军突起，小城镇蓬勃发展，农村市场繁荣兴旺，农村劳动力大规模转移，亿万农民工成为产业工人的重要组成部分，农民人均纯收入由1978年的134元增长到2007年的4140元，扣除价格因素，年平均增长7.1%，扶贫开发成效显著；四是农村社会主义民主政治建设和精神文明建设不断加强，公共事业加速发展，水电路气等基础设施建设力度明显增强，免费义务教育在农村优先实施，广大农民群众加入新型农村合作医疗，最低生活保障制度已覆盖绝大多数农村，农民思想道德素质、科学文化素质和健康素质显著提高；五是农村党的建设不断加强，以村党组织为核心的村级组织配套建设全面推进，有效夯实了党在农村的执政基础。

在新的历史起点上，我国总体上已进入以工促农、以城带乡的发展阶段，进入加快改造传统农业、走中国特色农业现代化道路的关键时刻，进入着力破除城乡二元结构、形成城乡经济社会发展一体化新格局的重要时期。

我国农村正在发生新的变革，我国农业参与国际合作和竞争正面临新的局面，推进农村改革发展具备许多有利条件，也面临不少困难和挑战，特别是城乡二元结构造成的深层次矛盾突出。农村经济体制尚不完善，农业生产经营组织化程度低，农产品市场体系、农业社会化服务体系、国家农业支持保护体系不健全，构建城乡经济社会发展一体化体制机制要求紧迫；农业发展方式依然粗放，农业基础设施和技术装备落后，耕地大量减少，人口资源环境约束增强，气候变化影响加剧，自然灾害频发，国际粮食供求矛盾突出，保障国家粮食安全和主要农产品供求平衡压力增大；农村社会事业和公共服务水平较低，区域发展和城乡居民收入差距扩大，改变农村落后面貌任务艰巨；农村社会利益格局深刻变化，一些地方农村基层组织软弱涣散，加强农村民主法制建设、基层组织建设、社会管理任务繁重。总之，农业基础仍然薄弱，最需要加强；农村发展仍然滞后，最需要扶持；农民增收仍然困难，最需要加快。

结合我国的国情，当前和今后一个时期，推进农业现代化的根本思路应当是积极贯彻落实科学发展观，坚持走中国特色农业现代化道路。

贯彻科学发展观，坚持走中国特色农业现代化道路，应牢牢把握以下几点：第一，始终坚持发展是第一要义，积极发展现代农业，不断增强农业的生机活力。第二，始终坚持以人为本，实现好、维护好、发展好广大农民群众的根本利益；尊重农民首创精神，充分发挥亿万农民推进农业现代化的主体作用；保护农民的各项合法权益，让广大农民群众分享改革发展成果。第三，始终坚持全面协调可持续发展，积极构建现代农业产业体系，加快优化农业区域布局，促进农业各行业协调发展，走生产发展、生活富裕、生态良好的文明发展道路。第四，始终坚持统筹兼顾，立足改革开放大局，强化农业基础。贯彻落实工业反哺农业、城市支持农村的方针，努力实现工业化与农业现代化、城镇化与新农村建设间的相互促进；统筹国内、国际两个大局，谋划好农业国内发展与对外开放，把握发展机遇，应对风险挑战；发挥市场在资源配置中的基础性作用，改善政府宏观调控，综合运用经济、法律和必要的行政手段加强农业建设。

我国人多地少，农业资源紧缺，必须加强农业基础建设，确保农产品有效供给和促进农民持续增收。确保农产品有效供给、促进农民持续增收，始终是关系全局的头等大事，始终是农业农村经济工作的首要任务。我国人均耕地仅为世界平均水平的40%，而且耕地质量较差；水资源严重短缺，人均淡水资源仅为世界平均水平的1/4，农业灌溉每年缺水约300亿立方米。随着工业化、城镇化进程加快，农业资源紧缺的问题更加突出。推进农业现代化，必须始终坚持立足国内生产、实现粮食等主要农产品基本自给的方针，切实加强农业基础设施建设，着力提高农业综合生产能力和效益，促进农业稳定发展和农民持续增收。

我国农户规模小，经营分散，必须在稳定完善农村基本经营制度的基础上推动农业经营方式创新，不断满足农业生产力发展的新要求。我国有2.5亿农户，户均土地经营规模不到0.5公顷，这种状况将长期存在。推进农业现代化，必须坚持家庭承包经营为基础、统分结合的双层经营体制不动摇，稳定和完善土地承包关系。在这个前提下，从实际出发，推进现代农业制度创新，按照依法、自愿、有偿的原则，健全土地承包经营权流转市场，有条件的地方可以发展多种形式的土地适度规模经营；发展农民专业合作组织，支持农业产业化发展，不断提高农业组织化程度；健全农村市场和农业服务体系，促进农业生产专业化、经营一体化、服务社会化。

我国农业生产力水平总体较低，农业基础设施薄弱，物质装备落后，科技贡献率不高，生产经营方式比较粗放。推进农业现代化，关键是转变农业发展方式，切实把农业发展转变到依靠科技进步和提高劳动者素质的轨道上来。加快推进科教兴农，全面提高农业物资装备水平，大力培育有文化、懂技术、会经营的新型农民，不断提高农业农村经济发展的质量和农村经济效益。

我国农业既是基础产业，又是比较效益低的产业，面临自然和市场的双重风险，必须巩固完善强农惠农政策，着力构建农业支持保护体系。推进农业现代化，必须切实加强对农业的支持和保护，继续坚持“多予、少取、放活”的方针，建立完善农业支持保护体系，进一步加大农业投入和各项补贴的力度，调动各级政府重农抓粮的积极性，提高广大农民务农种粮的积极性，构建支持农业发展、促进农民增收的长效机制。

我国破解城乡二元结构的任务艰巨，必须统筹城乡经济社会发展，努力形成城乡发展一体化新格局。目前，我国城乡分割的格局尚未打破，制约农业农村发展的体制性障碍尚未消除，农村经济社会发展滞后的局面尚未根本改变。推进农业现代化，必须按照统筹城乡发展的要求，坚持工业反哺农业、城市支持农村的方针，调整国民收入分配结构，加快改革步伐，努力形成城乡发展规划、产业布局、基础设施、公共服务、劳动就业和社会管理一体化新格局，实现城乡经济社会发展的良性互动。

我国农产品市场与国际市场融合日益加深，必须扩大农业对外开放，提高利用两个市场、两种资源的能力，保障国内产业和供给安全。随着经济全球化进程加快，我国农业与世界农业的联系日益密切，农产品国际市场的变化通过多种方式影响国内市场，农业发展面临的内外环境日趋复杂。推进农业现代化，必须进一步扩大农业对外开放，充分利用两个市场、两种资源，增强农业国际竞争力。在积极促进优势农产品出口的同时，切实保证国内需求；在努力搞好进口余缺调剂的同时，有效保护国内产业安全和农民利益，稳定国内农产品供给。

我国农村地域广阔，农业发展不平衡，必须坚持因地制宜、循序渐进，积极探索建设现代化农业的多元化模式。我国各地自然条件、资源禀赋、发展程度、文化习俗各不相同，农业发展呈现出多层次性和不平衡性。推进农业现代化，必须遵循自然规律和经济社会发展规律，立足各地实际，探索各具特色的农业现代化发展模式，不搞齐步走、一刀切。沿海发达地区、大型垦区和大中城市郊区有条件先行一步，率先实现农业现代化；中西部地区要抓住机遇、加快发展，分阶段、分步骤地梯次推进。在农业各产业中，畜牧业、水产业要走在前头。

改革开放30年来，中国的经济社会形成了有中国特色的发展模式，并进入工业反哺农业的新时代，我们期待着，中国的传统农业将返老还童，呈现出现代化的全新特色。

傅治平

第一章

完善土地制度：守住农业的根基

土地制度是农村的基础制度。以家庭承包经营为基础、统分结合的双层经营体制，是党的农村政策的基石。稳定和完善农村基本经营制度，意味着现有土地承包关系要保持稳定并长久不变，赋予农民更加充分而有保障的土地承包经营权。健全、严格、规范的农村土地管理制度，就是立足我国地少人多的基本国情，采取一系列措施，最大限度地保护耕地资源和农民土地承包权益。当前，由于解决“三农”问题和推进农村改革发展的迫切需要，农村土地制度完善和创新被推到了农村改革的前沿。我们应该更深刻地理解完善土地制度的重要性，通过完善土地制度更加自觉地守住“农业的根基”。

一、土地问题：“三农”问题的聚焦

2008 年 12 月 24 日，由美国福特基金会资助、北京天则经济研究所主持的“粮食安全与耕地保护”课题学术成果发布会在北京举行。该课题的研究报告认为，确保18亿亩耕地以保障粮食安全的观点是错误的，甚至是有害的。拿全球的粮食供求情况看，世界上有很充分的粮食供应。在过去的50年中，人口增加了1.5倍，人均粮食消费增加了17%，但粮价下降了一半。说明粮食相比于50年前越来越丰富了。全球粮食供求的总形势和许多其他大多数商品一样，是需求决定产量。为什么必须取消18亿亩耕地这条红线？因为它极大地阻碍了我国城镇化的进程，极不利于加速农民进城及三农问题的解决。因为一个错误的计划经济决策会延误国家最重要的产业化和城镇化。现在我国大约有6亿城里人，有7亿农村人。在未来的三五十年中将有大约6亿农村人要进城，农村只需要1亿农民就够了。也就是说，三五十年内城市人口要翻番。这样的城镇化不占用农用地怎么可能。难道让加倍的人口仍然挤在原有的那些土地上？可以肯定18亿亩耕地的红线要不了三五年就要突破，除非我国的城镇化没有进展。

面对此观点，原国家粮食储备局局长在发布会现场拂袖而去。国务院三农问题“智囊”则明确表示，北京天则经济研究所的结论“经不起讨论”，18亿亩耕地红线不容突破。

针对此分歧，许多媒体、网民争论得沸沸扬扬。中国的土地问题为何如此敏感，土地问题的重要性究竟何在？

当前社会经济发展有两大趋向，一是城镇化，二是产业化。这二者与“三农”问题密切相关，更与土地密切相关。城镇化是建立在征收农村土地的基础上的，没有土地为基础，城镇化只是空中楼阁。产业化同样如此，产业化中一个最重要的任务，是实现农业产业的转型，而这个转型也是在农村土地上实现的。并且二者都有一个共同的着力点：把在土地上经营的大量农民转化为居民和工人。所以，“三农”问题聚焦在土地上，对新形势下“三农”问题的破解，必须围绕土地问题做文章。

在某种意义上说，中国的改革开放是从农村联产承包责任制开始的，联产承包责任制是在社会主义制度的土地集体所有制基础上实行的制度变革，应该说，是一个具有历史意义的土地制度变革。这项变革，是从以唱“凤阳花鼓”著名的安徽凤阳发轫的。凤阳县的小岗村农民在极其贫困的条件下，冒着巨大的风险，偷偷地进行了以家庭承包经营为主要形式的改革试验，打破了人民公社的大一统，把土地分散经营，实行包产到户，改革实践仅一年就大见成效。这个自合作化以来从未向国家交过1斤粮食的村子，第一次向国家缴了公粮。而从小岗村的改革实践由地下转到地上的过程中，中国广大农村经历了从不允许、允许例外、小范围允许的试验过程，最终在全国推广，并拉开了中国农村改革的大幕。

这项变革——实际上是土地制度的改革，用“划时代”、“前所未有”这类词来形容亦不为过。有一组数据可以说明这次变革的意义：1978年，我国农业总产值只有1397亿元，其中种植业为1071.6亿元。1984年农业总产值达3214.1亿元，其中种植业达 2195.1 亿元，扣除价格因素，1984 年比 1978 年的农业总产值和种植业分别增长了 130.07% 和 104.84%，平均每年递增 21.68% 和 17.47%。1978 年，我国粮食总产量为 30477 万吨，到 1984 年达到 40730 万吨，增加 10253 万吨，年平均增长 1708 万吨，平均增长率为 4.95%，粮食连续 6 年这样大幅度的增产，在历史上是空前的。棉花在 1978 年只有 216.7 万吨，1984 年达到 625.8 万吨，增加了 409.1 万吨，年平均增长 68.18 万吨，平均增长率为 19.33%，这在我国历史上也是前所未有的。1984 年，我国粮、棉绝对产量为世界第一位，粮、棉从解放以来第一次由进口变为出口。除粮、棉外，油料、糖也都大幅度增产。

联产承包责任制在农村的实施，其意义并不只是算算经济账就能说清楚的，更重要的是对社会政治制度的变革产生着深远的影响，对探索中国特色社会主义道路有着极重要的启示作用，特别是在体现农民对土地的主体地位、实现人权回归方面有着一个良好的开端。对于这些，历史还会予以更深刻的评价。

然而，我们看到，联产承包责任制的形式从一开始就在随着时代的发展而不断调整。最初是包工到组和包产到组两种形式，而后，为进一步解决利益差别问题，又在前述包产形式下实行了包产到劳、包产到户等责任制形式，这种形式，就是生产队将一定的土地、牲畜、农具等基本生产资料固定给农户使用，其劳动成果包产部分由生产队统一分配，超产部分作为奖励全部或部分配给承包农户。包产到户责任制的进一步发展便是包干到户，即

“大包干”。包干到户是把生产资料等折价给农户，土地按人口分配给农户耕种，劳动成果在完成国家征购任务、上交集体提留的公共积累后，全部归承包农户所得。包干到户通过农民对土地等生产资料的实际占有，将劳动与成果之间的利益彻底明晰化，真正体现出“多劳多得，少劳少得”的社会分配制度。

但是，应该承认，由农村的改革带动整个社会经济体制改革之后，人们的注意力开始放到了城市，改革的重心向城市转移，因为城市是一个更大的经济增长极，城市有着更为重大的改革攻坚任务。这样一来，在联产承包责任制实施过程中一度得到缓解的“三农”问题，又开始以新的形式冒了出来，并影响着社会经济的全面发展。

改革开放30年来，中国城乡发展经历了历史性的巨变，然而，一个尴尬的事实也摆在了面前。2008年8月28日，农业部部长孙政才在向全国人大常委会作《国务院关于促进农民稳定增收情况》的报告时指出：城乡居民收入比已扩大到3.33∶1，绝对差距达到9646元，为改革开放以来差距最大的一年。

虽然近年来，中央对农业的投入持续加大，连续出台了五个“一号文件”，相关的扶持政策也陆续出台，但“三农”问题却仍然困难重重。对于其中的根本原因，中国社科院研究员、农业问题专家陆学艺认为：“农村的体制问题不动，是没有出路的，光出钱是不行的。”他在《新一轮农村改革为什么难》一文中认为土地制度在一定程度上限制了农村发展。现有的土地制度是典型的城乡二元结构，城市土地可以对价取得贷款，农村土地就不行；农民的土地、房屋等财产不能交易，不能形成资产。那么，农民怎么扩大再生产呢？就只能维持现有的小农经济模式。

土地制度的创新，成为解决“三农”问题绕不开的关卡。当然，对于一度带来经济增长的联产承包责任制，人们暂时还没有创造出更新、更有效的农村经济体制代替它之前，它不仅有存在的必要，而且仍然是新的土地制度变革的基础。言说联产承包责任制已经完成了其历史使命，为时尚早，或者说，新一轮的土地制度改革，必须建立在联产承包责任制的基础上，而不是将它否定。但是在这种新的经济体制形势下，联产承包责任制越来越显示出它的力不从心，却是不争之事。

眼下，农村土地问题主要表现为三大问题：第一是承包经营土地问题；第二是农村建设用地问题；第三是宅基地问题。《物权法》在这三个集体土地的改革或者流通的问题上采取了谨慎的态度，既保持现行《土地法》规定的现状，又留有了余地，为将来一些地方进行试点和改革留下了充分的空间。

二、“包老爷”最近身体可好

联产承包责任制的核心是土地承包到户。但承包到户并不等于一劳永逸地解决了土地问题。多年来承包过程中所发生的变数，使得土地问题重新成为“三农”问题的一个焦点。客观地说，“包老爷”最近身体确实一般。这说明家庭联产承包责任制在经济发展的新阶段，处于一种矛盾状态，其合理性与局限性都同样明显。而解决这个矛盾的办法，并非取消家庭联产承包责任制就可了之，而是应该思考如何进一步完善，使这种经济体制焕发出新的活力。

当前，跟联产承包责任制直接相关的土地问题主要有三个方面：

第一，征用土地以及土地征用的补偿问题已成为农村的一个矛盾焦点。

近年来，我国征地过程中暴露出来的矛盾和问题越来越多。虽然我国《宪法》和《土地法》都明确规定，除法律规定属于国家所有的以外，农村的土地为农民集体所有。但由于这个“集体所有”的实际意义不好把握，既不是法人组织，也没有明确的界定，农民没有行使权力的组织形式和程序。尤其在实际操作中，行使农村土地所有权，特别是行使出让土地权力的往往是乡镇干部和政府土地机构。依赖土地为生和最珍惜土地的农民，往往在出让土地问题上没有发言权，农村土地所有权虚置，土地征用及土地征用的补偿实际上是由政府说了算。因此，尽管政策强调“土地承包 30 年不变”，但很多时候，因为征地，而让承包者并非自愿地放弃了承包权，并在得到少量的土地征用补偿费的情况下最终失去土地、丢掉了饭碗。也正因为此，土地征用成了农村的一个矛盾焦点。

现在征用农民土地多是用于建市场、办工厂，特别是开发房地产等商业用途。主管部门用几万元的价格征用农民土地后，又以十几万、几十万元的价格转让使用权，最初农民还因有一点征地补偿而沾沾自喜，而当明白了真相之后，便会爆发出强烈的不满情绪。正是由于征地有非常巨大的利益可图，使得有关部门产生了极不正常的征地积极性。本来应该是控制、保护和监督土地不被乱占滥用的执法机关，反而成了征地拍地的积极推动者。这也是那么多的农村土地被乱占滥用甚至抛荒的主要原因。而且，由于土地使用权流转中存在巨大的利益空间，能够成为一些县市政府财政收入的重要来源和一些为政者的政绩展示，因此，对土地的征收大权，一些地方政府的主要领导便牢牢把握在手中。更有甚者，由于对有关部门和官员缺乏有效的监督，在这方面出现寻租现象是不可避免的。大量的腐败问题就产生在土地审批的过程之中。在一些地方，土地转移用途以后所产生的级差收益到底有多少变成了开发商和腐败官员的不义之财，是一本难交代的账。

第二，农民的饭碗在哪里？

土地是农民的饭碗，征地带来的一个重要问题，是大量被征地的农民从此失去饭碗。虽然有一些征地补偿可以作为资本再创业——再找饭碗，但是，在目前社会上缺乏对失地农民的再就业培训的情况下，文化素质和劳动技能偏低的失地农民，失地之后能找到什么合适的工作呢？现实中，相当多的农民从农业转产后，主要从事一些技术要求不高的体力劳动。而随着经济发展，劳动力市场逐步由单纯的体力型向专业型、技能型转变，文化素质低的失地农民就业难度在不断加大。与此同时，一部分农民，尤其是一些青年农民在“高不成，低不就”的心理作祟下，形成就业上的障碍。还有一些农民分到土地征用补偿款后，很快就花光，由此成为没有土地、没有资金、没有生活保障的“社会游民”。

还有一种不失地也失丢饭碗的情况，即在农业产业化进程中，为实现土地的适度规模经营，一些地方鼓励农民或以股份合作的形式，或以出租的形式，将土地流转到龙头企业那里，农民靠土地股份分红或土地出租收入维持生计，这在一般人看来是最好不过的办法，但有一个难以解决的问题，便是农民虽有一定的收益，却因此而丧失了劳动权。因为集约化经营不可能安排所有出让了土地的农民——可能有大多数农民不能安排。这些不能安排的农民既没技能，又无门路，到哪里去寻找新的饭碗呢？

现代的承包制度基本做到了耕者有其田，但有人说，这个制度“只管老子，不管儿子孙子”，因为土地承包30年不变，在这30年中，农村又会新增多少劳动力？由于土地已经全部承包到了人，那么，这些新增劳动力的饭碗到哪里去找呢？当然，按照现行的政策设计，今后将有成亿的农民进城，如果他们的土地流转，必然可以成为新增劳动力的饭碗。但是，他们的土地不愿拿出来流转呢？再者，让那些农村新增劳动力走入社会，就得准备一笔资金去租地，对他们是否公平呢？而且，今后市场化的土地，其流转费用他们承担得起吗？也就是说，现在的承包制度根本没有考虑到“儿子与孙子”的饭碗，虽然我们口口声声“不吃子孙饭”，实际上连饭碗都没有给子孙安排啊！

第三，农村耕地隐性抛荒现象比较严重。

据调查，虽然土地抛荒在中央政府惠农政策、地方政府的行政干预下得到了一定程度的遏制，但是一种隐性的土地抛荒仍广泛存在着，如不加以遏止任其继续扩大，必将危及我国粮食安全。

为什么会出现农村耕地隐性抛荒？

农村的土地抛荒问题首先是涉及家庭联产承包责任制。尽管我们把现在的土地制度称为责任制，实际上农民对土地负不了责。本来，在家庭承包经营这个问题上，家庭应该是永恒的，农业经营应该由家庭来经营，而不是恢复过去的大锅饭。但是，现在的土地制度基本上沿袭了土地联产承包责任制时的制度，而当时的出发点只是解决农民的吃饭问题，解决粮油的供应问题。发展这么多年后，土地的所有权还是国家的，只是经营权给了农民。政策上是说土地承包稳定不变，实际上它又经常变——经常做一些小的调整。由于土地变动的缘故，农民就难以做到对所承包的土地负责，对土地的实际控制权仍掌握在村里、掌握在各级政府手里。由于农民对土地负不了责，一旦土地的收益不高时，他们就宁可抛荒。具体来讲：

一是农业比较效益低，造成耕地隐性抛荒。尽管近年来中央出台了一系列支农、惠农政策，但是，种粮仍未走出“比较效益低”的怪圈，农业的比较效益低，是导致抛荒的直接原因。市场粮价低，作为市场主体，农民自然可以通过各种手段减少产出，包括直接抛荒、隐性抛荒以提高效益或者减少损失。“种上一年粮，不如打半月工”，农民普遍觉得种粮不合算，他们种田基本是为了自给自足，目的是不买粮食吃，并非出于对成本收益的考虑觉得种粮有利可图，更多依赖于多年来的种粮习惯以及“保口粮”的想法。

二是农村劳动力外流，造成耕地隐性抛荒。土地隐性抛荒的另一个重要原因是农村劳动力的短缺。随着农村青壮年劳动力大量转移到城市，不少农村已经变成“空心村”、“留守村”、“妇女村”、“老幼村”，这对农业生产产生的负面影响已经逐渐凸显出来。大量青壮年劳动力由农村转向城市、由第一产业转向第二、第三产业，土地则基本都留给家中老人或妇女耕种。而从当前农业生产条件来看，粮食生产的现代化程度还不高，种田仍然是一种劳动密集型的体力活，留守老人或妇女根本无力承受太高的劳动强度，再加上带孩子等事务占据了很大的精力，他们也就只好采取“半抛荒”的耕作方式。事实上，由于近年来外出务工收入已逐渐取代务农收入成为农民家庭收入的主要来源，使得以种粮为“主业”的传统农民正在将其演变为“副业”，农民“断层”之忧也并非无稽之谈。

三是制度安排缺陷，造成耕地隐性抛荒。从理论上讲，大量农村剩余劳动力向城镇转移，能够为农业实现规模经营创造耕地资源方面的条件，有利于将有限的耕地集中起来耕作，提高农业收益。但是，当前的粮食生产是以家庭联产承包责任制为基础的一家一户式的个体经营，这种分散的经营方式的优点是农民有了最大的生产自主权，其缺点是生产缺乏统一管理，生产要素不能形成合力，无法形成规模效益。同时，对于农民而言，对土地的依赖性虽然降低了，但几千年来土地是“命根子”的观念依然浓厚，大部分农民情愿让自己名下的承包地季节性抛荒甚至全年抛荒，也不愿意交给别人经营，更不肯出让土地承包权。可见，由于缺乏有效的土地流转机制，迁移至城镇的农民所承包的耕地并不能有效地流转以达到集中的目的，我国农村剩余劳动力的转移非但没有促进农业规模经营、农户收益的提高，反而直接导致我国宝贵而稀缺的土地资源遭到闲置。在土地分配制度没有改变，大量耕地被抛荒而不是有效流转的情况下，农业的总收入理所当然会有所下降。

耕地抛荒，在一些地方还有个文化传统的问题，即有的地方的农民宁可出外讨米，也不愿意耕种。因为通过乞讨可以发财，甚至盖楼房。这种不劳而获的事情比“面朝黄土背朝天”不知舒服多少，反正乞讨在异地，人家也不认识你是谁，所以干脆就靠乞讨致富了。据说最早进行农村改革的一些地方，人均耕地不少，地质也好，但现在就是没饭吃，为什么？在这些地方的农民心目中，他们是为中国的改革立了大功的有功之臣，政府应该把他们养起来，他们不愿意辛辛苦苦地种地，只想等、靠、要，如果等、靠、要不来，就去讨！

由此，我们必须认真思考一下，土地制度该怎样创新了？因为按发展规划，今后15年内至少要有1.5亿农民转入城市。该怎样使他们拥有的土地资源不至于荒芜，而在有效流转的情况下实现土地集约化经营，这是土地制度创新的方向。

土地制度要创新，这是众多人的呼声，但必须闯过三大难关：

第一大难关：如何在保证农民对土地的独立经营权的基础上，实现对土地的集约化经营。把已经分散经营的土地再集中起来，而又不能采取过去的行政方式，特别是要在农民自觉自愿的基础上，并能保证农民集中经营的利益大于独立经营的利益，这是一个让各级领导都十分头痛的问题。

第二大难关：随着人口的增长，以及城镇化进程的加速（城镇化要占用土地），地少人多的现状会越来越严重，如何尽快把聚集在农村土地上的劳动力转移，更是一个刻不容缓的问题。农村劳动力转移不及时，特别是在失地农民得不到新的就业机会、生活又无保障的情况下，这个问题将更为严重，从中央到地方都不能不三思再三思、重视再重视。

第三大难关：如何确定土地的真正拥有者，使“集体所有”实质化、具体化。在土地私有化不能被认同的情况下，如何使农民对土地的使用实权化，是一个必须解决的问题。因为土地流转，是在土地真正为农民所有的情况下才能进行的。尽管法律保障了农民的土地使用权，但所有权不属于农民，使得土地流转时，农民仍然处于一种被动的地位。例如，在政府征地时，农民要求的征地补偿在没有超过政府所限定的额度时，政府会承认农民对土地的支配权；如果农民对征地所要求的补偿超过了政府的额度，或者农民一口咬定不流转——不肯被征用，有的地方就会用另一种说法了：你只有土地使用权，而没有所有权，你没有权力这么做！

三、农村土地流转别玩“击鼓传花”

何谓土地流转？土地流转是指农民将其土地承包经营权按照“依法、自愿、有偿”的原则转让给其他单位或个人。土地流转不仅涉及农村土地承包关系的稳定和广大农民的切身利益，还涉及土地资源的合理配置和现代农业的建设，需要从完善生产关系和发展生产力的角度去统筹考虑，既要公平，又要兼顾效率优先。

土地流转应在保障农村土地承包关系稳定的前提下，按照市场经济的要求建立合理的土地流转机制，发挥市场配置农村土地资源的基础性作用。要确保农民的土地流转主体地位。农民既是农村土地承包的主体，也是农村土地流转的主体。土地流转由农民自主决定，不应强迫、也不能阻碍农民依法流转承包地。农村土地流转不能搞“击鼓传花”，要坚持多样化的土地流转形式，因地制宜，形式多样。按照《中华人民共和国农村土地承包法》的规定，土地承包经营权流转应遵循以下原则：①平等协商、自愿、有偿，任何组织和个人不得强迫或者阻碍承包方进行土地承包经营权流转；②不得改变土地所有权的性质和土地的农业用途；③流转的期限不得超过承包期的剩余期限；④受让方须有农业经营能力；⑤在同等条件下，本集体经济组织成员享有优先权。

第一，要统一加快土地流转意义的认识。

土地自愿依法集中流转，发展农业规模化生产经营，是新农村建设、农业现代化和促进农民增收的发展方向。现在农民的土地承包经营权益得到了基本保障，稳定和完善了农村土地承包经营机制，但是农民一家一户的分散经营并不能充分发挥土地的最大效益，也越来越难以适应当前农业市场化、国际化的要求，必须通过土地流转，促进土地规模经营，不断发展现代化农业，才能真正使农民通过土地增收致富。建立有序的农村土地流转机制，可以使农村土地经营更加活跃，提高土地生产率，既有利于推动农业规模和产业化经营，促进农业产业结构调整，也有利于提高农产品的质量和竞争力，加速农村劳动力的转移，促进个体私营经济快速发展，增加农民收入。农村土地流转机制的实质是家庭承包经营制度的进一步完善。因此，要进一步加大宣传力度，特别是提高乡村干部对土地流转作用与意义的认识，转变农户思想观念，增强农户参与土地流转的主动性和积极性，稳步推进农村土地流转的健康发展。

第二，要进一步优化土地流转环境。

优化环境包括五个方面：

（1）创造有利于土地流转的政策环境。一是争取出台相关政策，对转入他人土地进行产业化规模经营的大户、龙头企业，财税、农业等部门在资金、技术、税收等方面给予倾斜和优惠，国土部门对从事种养业需搭建少量临时生产生活用房的占地要从简办理审批手续。二是切实推进户籍制度改革，取消不利于农村劳动力转移的各种限制，鼓励农民进城安家落户。三是加快建立农村养老保险和合作医疗等社会保障体系，消除农民离土离乡后的后顾之忧。

（2）创造土地适度规模化经营环境。继续加大结构调整和产业开发力度，大力支持专业户、专业村的发展，推进产业化经营。

（3）创造城乡互动环境。采取措施，加快小城镇建设，尽快改变城乡二元结构。

（4）创造合理的组织环境。大力发展农村合作经济组织，提高农民的组织化程度和农业生产的集约化程度。积极推进农业科技创新，增强土地产出功能，提高农业劳动生产率，大力发展效益农业，促进农业提质增效和农民增收致富。

（5）充分发挥村集体经济组织在土地流转中的作用。一要发挥村集体经济组织的协调、管理、担保等作用。二要发挥村集体经济组织牵线搭桥作用。目前我国许多地方尚未建立土地流转中介组织或交易网络，土地流转供需信息不对称，流转困难。劳动力转移多，土地耕种困难的地方，非常需要村集体经济组织提供供需信息。如条件允许，在农民自愿、履行合法手续的前提下，村集体经济组织可以出面对外统一招商、公开招标，以吸引农业产业化龙头企业等种植大户来租赁土地。

第三，要进一步规范运作。

土地流转是个宝，但要把好事办好，多层面、全方位的监督绝不能缺少。我们完全有理由相信，大多数基层政府和官员会严格按照党中央提出的“依法、自愿、有偿”的原则和《中华人民共和国农村土地承包法》以及《农村土地承包经营权流转管理办法》（农业部令第47号）等法规、办法有序地进行。

一要注重条件、因地制宜。土地流转需要一定的客观条件，不能跟风，不能下指标，不能不顾经济发展水平采取搞运动的方式推行，也不能用收走农民承包地的办法搞劳动力转移。

二要依法流转，规范有序。土地流转必须不折不扣地执行有关法律法规和中央政策。在承包期内，村集体经济组织不能单方面解除承包合同，也不能用少数服从多数的办法强迫农户放弃承包权或改变承包合同。不准强行收回农户的承包地搞招标承包，不准将农户的承包地收回抵顶欠款，不准借土地流转之名改变土地所有权和农业用途，流转期限不得超过农户承包地的剩余承包期。村组的决议和村规民约，只能在法律法规和中央政策许可的范围内制定，与其相抵触的，应予以纠正。

三要自愿选择、互利有偿。农户是土地承包和流转的主体，对承包土地依法享有自主的使用权、收益权和流转权，可自主选择是否流转、流转对象和流转形式。在土地流转过程中，绝不允许用行政手段强行流转，也不得指定流转对象、数量、期限、租金等。集中成片流转的，必须征得农户们的一致同意，或通过农户认可的换地等办法解决。由村集体经济组织引导的土地流转应当公开透明，不得搞“暗箱”操作。

四要坚持市场导向，优化配置。充分利用市场竞争机制，注重效益优先，强化市场配置资源的宏观引导作用，鼓励土地经营从低效益向高效益转变，逐步发展适度规模经营。

五要健全制度，查漏补缺。包括土地流转申报、审批、登记、流转合同签订、鉴证、兑现、流转合同纠纷调解与仲裁以及日常监督等一系列规章制度。

第四，明晰土地产权，推动土地流转走向市场化途径。

土地是国家和社会最大的资源和财富，是生产要素市场中价值最高的资产，只有减少人为因素对资源配置的干预和不合理控制，才有利于遏制不良权力进入市场，从源头上杜绝腐败行为的发生。

中国土地问题的根本出路：近期应以保障农民土地的使用

权、保障公众利益为目标强化管理，打击腐败，维护公平；长期则应转向明确农民对土地的所有权而不是含混不清的使用权，让土地自由交易，并在此基础上构建以土地税为主要调控途径的政府对土地的管理模式。

要改变征地制度，实行市场交易。国家征地是目前圈地运动中引起矛盾最多的地方。因此，在不改变土地制度的前提下，首先要规范征地制度，必须明确国家与公民的权利义务关系。在土地征用制度中设计一项审核机制，即由指定机构审核征地项目是否符合公共利益。

要建立土地的自由契约制度。中国今后的土地制度变革总的方向应该是走自由契约制度，为此，需要明晰产权，完善公共管理。

第五，土地适度规模经营要实现新突破。

土地流转，最终要达到这样一个目标：在不改变联产承包责任制的前提下，促进土地适度规模经营。土地适度规模经营有两条途径：

一是从农户外部入手，不触动农户的承包经营权，通过社会化服务、区域化种植等办法，扩大农户的外部经营规模，例如，一些地方实行“公司+农户”的模式即是。

二是从农户内部入手，通过土地使用权的流转集中，实现适度规模经营。

上述两条途径，尤以第二种方式与当前农业经济发展趋势最为适应。但是，采取第二种方式必须具备一定的条件。这个条件就是第二、第三产业比较发达，60%以上的农村劳动力转入非农产业，60%以上的农户收入来自非农产业。有了这一条，土地集中才有了基础。

当前，土地集中的形式主要有五种：①农户间相互转包；②集体向农民反租倒包；③在“两田制”、“三田制”基础上，口粮田分户经营，责任田、商品田按限量承包或招标承包；④农户自愿退出承包田，所退土地集中起来由种田大户经营；⑤土地使用权入股，形成股份合作。

当前，土地规模经营的形式也有五种：①种田大户或家庭农场；②集体农场；③工商企业办的农业车间或农场；④农民内外联合办的股份合作农场；⑤社会服务组织办起来的农业公司等。

当然，土地要适度规模经营，其中“适度”是个关键词。规模不可过小，过小就不能优化配置生产要素，难以获得规模效益；也不可过大，过大就会造成组织成本过高，经营困难。当然，规模适度是一个动态概念，随着生产力水平的不断变化而变化。但根据中国目前的生产力水平，据专家测算，每个农户经营土地的适度规模为30亩左右，而一个具备了农业企业条件的农户家庭的经营规模，则不低于100亩。

第六，以实施流转合同制和备案制为重点，建立健全规范化的流转管理工作制度和规程。

要全面落实《农村土地承包经营权流转管理办法》的各项

规定，推行流转合同规范文本。各省、自治区、直辖市农业部门应抓紧制定规范统一的流转合同文本，争取尽早使用由省级统一规范的流转合同文本。要根据农民的需要，及时指导合同签订。要把指导合同签订同开展流转法律政策宣传、流转咨询、流转价格评估等多项服务结合起来，指导流转双方在充分自主协商的基础上，依法建立合理的流转关系和利益关系，签订规范的流转合同。积极开展流转合同鉴证，乡（镇）农村土地承包管理部门要建立流转合同鉴证制度，明确专人负责这项工作。对流转当事人提出的流转合同鉴证申请，要及时予以办理。在开展鉴证工作中，发现流转双方有违反法律政策的，要及时提供咨询，帮助纠正。要重视对流转土地用途的审查，防止改变农业用途。健全登记备案制度，乡（镇）农村土地承包管理部门要对流转合同及有关资料进行归档并妥善保管，建立流转情况登记册，及时记载和反映流转情况。对以转包、出租或其他方式流转的土地，及时办理相关备案登记；对以转让、互换方式流转的土地，及时办理有关承包合同和土地承包经营权变更手续。

总之，土地适度规模经营要与农业产业化相结合，要把土地适度规模经营作为产业化基地建设的重要内容来抓。土地规模经营要与小城镇建设相结合，要按照土地向种田大户集中，农民向小城镇集中的原则，加快第二、第三产业的发展和小城镇建设，促进农业剩余劳动力和土地使用权的稳定转移。这样，才有利于积极引导农户发展土地适度规模经营，创造更大的效益。

四、小心翼翼端好“泥饭碗”

土地是农民的饭碗，而且是一个货真价实的“泥饭碗”。过去，我们天真地以为，有一块地，谁都搬不走。不说是“金饭碗”，至少也算得上个“铁饭碗”。实际上，今天土地却变成了一个脆弱的“泥饭碗”，一个随便敲敲就会粉碎的“泥饭碗”。而事实上，“四大浊流”正不断地冲刷着这只“泥饭碗”，让人感觉到这只“泥饭碗”的岌岌可危。

第一，土地的无序开发，使可耕地减少。

守住18亿亩耕地的重要性不言而喻，关涉国家粮食安全，涵盖社会安全、生态安全和经济安全。因为耕地一旦失守18亿亩，以我国的人口规模，将面临不够吃的问题。而粮价飞涨将属必然，其强大的经济破坏性不敢想象。一方面，国务院明确要求的18亿亩耕地红线已“频频告急”；另一方面，城镇化进程仍在加速，违法项目、违法占地和违法开发不曾消停。此外，随着东部产业梯度转移加快，占用耕地发展经济的强烈冲动已在我国中西部地区凸显。耕地减少将带来诸多问题，这也是这些年国家严肃执法的原因，既有规划和要求，亦有叫停和处分，并派有督察组严格监控。可以设想，如果没有上述种种措施加以限制，我国的耕地问题将更为严峻。国家三令五申并严格执法，但不少地方政府依然我行我素，不断造成耕地已被使用的既成事实。不过，如今形势已经开始变化，近年来中国耕地面积减少速度明显趋缓，但如果监管不到位，确实有失守18亿亩耕地的可能。

第二，化肥的滥施，使土地丧失活性。

前面所提到的联产承包责任制中的一个局限，即在土地仍是集体所有的情况下，农民对土地的使用权不稳定，时有变动，这种情况容易导致承包者对土地的掠夺性经营，而掠夺性经营最普遍的手段有两种：第一种手段是拼命施用速效性的化肥，速效性的化肥既能快速提供农作物生长需要的养分，又能迅速从土地里榨取农作物需要的养分。有一个调查显示，化肥的施用量已经占到整个农民对土地供给肥料总量的85%以上，说句不客气的话，没有了化肥，农民几乎无法进行农业生产。第二种手段是不让土地有任何休养的机会，种完水稻种蔬菜，种完蔬菜种水稻。一年四季让土地超负荷产出，加上很少给土地补充活性的养分（专施化肥），这样的结果，势必造成地力的严重削弱和土地的板结。据有关部门统计，我国每公顷耕地年均化肥施用量达400公斤以上，单位耕地面积化肥施用量是美国的4倍，而利用率仅35%左右，低于美国等发达国家5~10个百分点。由于长期施用化肥，我国土壤中有机质的含量已由新中国成立初期的7%下降到了3%~4%，有的地方甚至低于2%。再加上农用地膜的大量使用，在促进农业增产、推进我国农业现代化建设的同时，也给农村生态环境带来了严重的负面影响。由于我国地膜回收率低，土壤地膜残留量平均每公顷约 60 公斤，地膜年均残留率达 20%，严重改变了土壤物理性质，阻碍了作物生长。试验表明，当土壤中地膜残留量达到 37～45 公斤/公顷时，小麦和蔬菜将分别减产 7% 和 10%。

第三，农药的滥用，使土地具有毒性。

关于因为滥用农药而对土地产生毒害的问题逐渐显露出来，现代科学技术检测结果表明，不仅是对农作物直接喷洒农药会使产品残留农药，而且喷洒过农药的土地上生产出来的产品也会含有超标的农药。这个问题已经成为制约中国农产品出口的一个十分关键的问题，而随着中国对外贸易的扩大，关税壁垒的逐步撤除，检验检疫将成为新的壁垒，中国的农产品，特别是水果、蔬菜类产品的出口，要过这一关，有很大的难度。我国自加入 WTO 以来，欧、美、日等国以“绿色壁垒”的名义，对我国一些“菜篮子”产品频频亮出“红牌”。专家认为，国际贸易中的“绿色壁垒”还会愈演愈烈。我国只有采取卫生安全的“绿色”生产措施，才能拿到进入国际市场的“绿色通行证”，同时也保证国内消费者的人身安全。如何降低农产品的农药残留量，减少土壤里的农药残留量及尽量少用农药，已经成为发展农业必须考虑的重要问题。种种迹象表明，农业与农村的污染已在我国环境污染中形成“农村包围城市”之势，农业乃社会之本，若不从根本上加以治理，将会给我国整体的环境保护工作带来十分巨大的负面效应，环境保护工作的开展也只能是“缘木求鱼”、“刻舟求剑”。

第四，森林的滥伐，使土地沙漠化。

森林的滥伐，已经使我们尝到了很大苦头。森林是雨水的调节器，也是保持水土、涵养水源的稳定器。由于森林的滥伐，对雨水调节和对水土涵养的功能降低，导致了干旱与洪水的频频发生，因为植被的破坏所带来的水土流失与沙漠化现象加剧。有一组数据让人触目惊心，目前水土流失面积占全国陆地面积的40%，沙化土地面积已占全国陆地面积的18%。许多水土流失严重的地方，耕地都变成了石板地。而沙漠化的后果，则是让中国的政治文化中心——北京，饱尝沙尘暴的危害。

上述“四大冲击”之严重，我们已经有了深刻的感受，如果不尽快设法遏制，有朝一日，即使城镇化不占用耕地，即使土地还在农民的手里，农民也只能眼瞪着这些土地干着急。因为这些土地可能已经变成了不能生产农作物的板地、毒地、沙地，那时，“泥饭碗”真的被摔碎了！

不让农民的“泥饭碗”摔碎——乃至全国人民的饭碗摔碎，必须针对“四大冲击”，抓紧做好几个方面的事情：

第一件事，确保“耕者有其田，耕者有其钱”。

土地是农村最基本的生产要素。整个20世纪，我国的革命、建设和改革都围绕着土地问题而展开，基本方向就是实现“耕者有其田”。党的十七届三中全会提出要“稳定和完善农村基本经营制度”。这意味着不仅现有土地承包关系要保持稳定并长久不变，还将赋予农民更加充分而有保障的土地经营权。这是因为，由于多方面因素造成我国农民的土地权益得不到充分保障。所以，要从政策、法律、管理机制等方面保障农民的土地权益，进一步落实“耕者有其田”。

进入21世纪后，除了“耕者有其田”，还要实现“耕者有其钱”，即努力使农民增收。党的十七届三中全会提出到2020年我国农民人均收入要比2008年翻一番。这是一个宏伟而艰巨的目标。要实现这一目标则需要开拓农民增收渠道，实现其收益的多样化。一是最大限度地提高农民的土地经营收益。农民目前的土地经营收益不高，一个重要的原因是小农民与大市场的矛盾。小农民进入大市场需要经过多个环节，造成农民增产不增收。为此要加强农民专业合作，提高农民谈判地位，减少中间环节，形成品牌农业，同时要提供大服务。统分结合经营体制的“统”应该着眼于统一提供产前、产中、产后的服务，以“大服务”弥补小农民与大市场的对接缺陷。二是扩大农民的收入来源。在有条件的地方，促使土地自愿、有偿流转，实现土地要素化—土地保障化—土地资产化—土地资本化的转变。农民通过转让经营权获得财产性收入，通过务工获得工资性收入。

第二件事，通过土地制度的改革，促进农民养地积极性。

其实，农民也知道养地的重要性，但是土地承包责任制的不稳定，使农民感到自己捧的只是一个临时的饭碗，因此不甚爱惜。一些专家提议实施永佃制，至少有一个相当长的承包期，且这个承包期受法律的保护，除非农户自愿，任何人、任何单位都无权变动其对土地的经营权。这样农民端着这个饭碗的时候，会对土地产生一种爱惜之心，而不会采取掠夺性的经营，自己砸自己的饭碗，不过，也有个用什么养地的实际问题，即现在有机肥源相对过去大大减少。过去，农民可以到城里去收大粪，现在城里厕所大多改良，包括一些农村也建了水洗厕所，使得这一重大的有机肥源被水冲走了；在农家肥里，家禽家畜的饲养也是一个重大的有机肥源，但现在家禽家畜的饲养大多用复合饲料，其肥效很低，甚至还对土地有负作用。至于用绿色野生植物沤制的肥料，也由于不断地垦荒而大量减少，一些地方建的沼气池难以善终，也有这个原因在内。所以，在目前这样的情况下，如何养地，是值得研究的问题（由这个问题倒引起我对土地抛荒的“反弹琵琶”，即笔者认为，土地抛荒在整个土地问题中是个不足为虑的问题，第一，抛荒者大多是有一份效益高于种地的事情在做，我们所了解的土地抛荒情况，并非正在耕种者抛荒，往往是外出打工、经商者抛荒，而这一类人在农村算得上是生活富裕者，至少有一点余钱剩米，因此无须担心抛荒者成为社会不稳定因素；第二，与其对土地进行掠夺性的经营，不如暂时抛荒。过去，老祖宗都知道通过休耕的方式保存地力，土地抛荒在客观上可以起到休耕的作用。因此，我们不要强求那些抛荒者一定得把土地转租给他人，因为短期内的土地转租，有可能导致对土地的掠夺更甚。与其在对土地保养跟不上的情况下搞掠夺性经营，不如干脆就让地闲着，什么都不种，这样或许还能保存一些地力）。

第三件事，要积极推广生物防治方法，减少农药，特别是剧毒农药的生产与使用。

要实现这件事需要加大农业科学技术研究的力度。同时，要在政府的扶持下，尽快研究、推广生物防治技术，以求尽量减少农药的施用量。这是解决“毒地”的唯一途径。在国外，一些农业搞得好的地方，大都采取了生物防治，而通过生物防治技术生产出来的东西，才真叫“绿色食品”。另外，对于那些剧毒农药，要严格控制其生产、使用，绝不能喷洒在可食性的作物上，也尽可能不让其残留在土壤里。同时要迅速研究出对土地中残留农药进行降解的新技术，降低受农药污染的土壤中的毒性。

第四件事，保护树林植被，加快退耕还林、退耕还草、退耕还湖的步伐，重新恢复青山绿水。

值得注意的是，由于现阶段政府所推行的以农户为主要参与主体的退耕还林的承包制，在某种程度上具有激励不相容性，工程的实施不可避免地会受到依靠土地提供基本生存保障的农户某些自利性经营行为的不利影响。这种影响一方面已表现为工程刚开始便不能充分体现生态环保目标，如出现了经济林比重过大、忽视生态系统对物种多样性的需求、林间大量套种其他经济作物等现象。另一方面则可能在未来出现当依附于土地从事生产活动的农户的经营偏好受到市场冲击而发生变化时，农户的经营行为有可能进一步偏离政府的退耕还林目标。从理论上讲，退耕还林工程的实施只有既坚持生态优先原则又保证广大退耕农户的参与积极性，才能有效避免边治理边破坏的现象发生，其关键在于政府和退耕农户之间能否建立起一种稳定的激励相容的契约关系。而要使政府与退耕农户之间的承包契约具有良好的激励相容性，必须完善和改革针对退耕还林农户的某些公共政策，并强化政府对退耕还林工程的规制。要尽快做好三方面的工作：一是建立政府对人工生态林“林权”的收购制度，拓宽农户对生态林的处置权，以确保退耕还林工程坚持生态优先原则；二是通过政府对产业供给链的规制来建立退耕农户与市场之间的有效连接，以解决农户种植经济林所普遍面临的“小农户，大市场”矛盾；三是通过政府的公共支出政策促进退耕还林地区经济结构的改善，以拓宽退耕农户的就业和增收空间。

众所周知，造成水土流失、土地沙化等环境问题的根本原因在于人口压力带来的土地过度耕作和使用。因此，如果社会在农户退耕之后不能为他们提供较为广阔的就业和增收空间以确保其获得基本生存资料，那么就意味着农户并没有从根本上断绝对已退耕土地的农业依附关系，从而很可能导致日后为了生计需要又选择退林还耕，造成新的生态破坏。基于这种推理，从公共政策的角度看，退耕还林工程应该被视为一个外延更宽泛的公共工程，不仅局限于按国家规划组织农户实施退耕还林目标，还应该包括借助公共支出政策推动退耕还林地区经济发展，特别是经济结构转变。应尽快出台国家生态补偿税以保障政府对退耕地区的公共支出有足够的力度。从规划设计上讲，对退耕还林区公共支出的政策目标应该是拓宽退耕还林农户的就业和增收空间。据此，这种公共支出应主要用于以下几方面：一是用于退耕区基本农田建设和农用能源建设；二是用于扶持退耕还林地区的龙头企业和发展退耕还林地区的支柱产业；三是用于救济以粮代赈政策到期后生活仍然十分贫困的退耕还林地区的农户；四是用于对退耕农户进行各种系统的免费的职业培训。

保护农民的“泥饭碗”，实际上是关系着为子孙后代保存饭碗的大事，也是农业实现可持续发展战略的必由之路。土地保护不好，可持续发展就失去了根本的基础，其他一切的发展都会成为空中楼阁。因此，我们在进行土地制度创新中，务必要把这个方面考虑进去。

第 二 章

产业化：玩活农业一条龙

农业产业化是以市场为导向，以效益为中心，依靠“龙头”带动和科技的进步，对农业和农村经济实行区域化布局、专业化生产、一体化经营、社会化服务和企业化管理，从而形成贸工农一体化，产供销一条龙的农村经济经营方式和产业组织形式。农业经营规模小是影响我国农业劳动生产率提高和农户进入市场的障碍之一。解决这一问题的有效途径，便是走农业产业化经营道路，真正把产业化这条“龙”舞起来。

一、农业产业化是一条什么“龙”

农业产业化经营是指农产品的生产、加工、销售一体化经营。国际上把这一经营形式叫做“农业一体化”。它的微观载体，西方多为“农工商综合企业”，俄罗斯叫做“农工综合体”，我国常叫“贸工农一体化，产供销一条龙”。其大致含义概括为：以国内市场为导向，以提高经济效益为中心，以资源开发为基础，在保持家庭联产承包责任制稳定不变的前提下，对农村经济的主导产业、产品，按照产供销、种养加、贸工农、农科教一体化的经营原则，实现多层次、多形式、多元化的优化组合，发展各具特色的“龙”型经济实体，形成区域化布局、专业化生产、一体化经营、社会化服务、企业化管理的发展格局。产业化是拉长农业产业链，把农业和农民引向市场的有效经济组织形式，也是扩大农民再就业的主要途径，是进一步深化农村经济管理体制改革、创新和发展的必由之路。

农业产业化的基本思路是：确定主导产业，实行区域布局，依靠龙头带动，发展规模经营，实行“市场牵龙头，龙头带基地，基地联农户”的产业组织形式。它的基本类型主要有：市场连接型、龙头企业带动型、农科教结合型、专业协会带动型。

农业产业化的基本特征主要有面向国内外大市场，立足本地优势，依靠科技的进步，形成规模经营。实行专业化分工，贸工农、产供销密切配合，充分发挥“龙头”企业开拓市场、引导生产深化加工、配套服务功能的作用，并且采取现代企业的管理方式。

农业产业化经营，其实质是要建立一种有效的机制，使农户参与产业化经营能够得到比一家一户传统自然经济方式更多的收益；实行产供销一体化，使农民不仅获得生产环节的效益，而且能分享加工、流通环节的利润，从而使农民富裕起来。实行农业产业化还会使土地产出率和农产品转化为商品率得到最大限度的提高，农业科技贡献率得到较大幅度的提高。农产品的生产与市场流通有效地结合起来，以“龙头”企业来内连千家万户，外连两个市场，从而引导、带动、辐射农业产业化的发展，并且建设一批主导产品、“龙头企业”、服务组织、商品基地。否则，农业产业化经营只能是“面子”工程。由于产业化要求产业链的关联度十分密切，实现产业关联的重要措施，就是建立农业产业化组织制度。社会主义市场经济的发展，也促使社会各部门、各生产要素必须进行新组合，形成规模经济，以适应市场竞争，取得市场的有利地位。

农业产业化经营的内涵核心是经营一体化，本质是由有关各方组成“风险共担，利益均沾”的经济共同体，使各种组成主体都能获得整个产业链的平均利润，进而最终实现统一市场条件下同行业同产品的平均利润。

农业产业化的本质特征集中体现在经营主体上。它不是一般意义上的企业，也不是一个企业集团，更不是农户个体间的简单协作，它是以龙头企业为核心的多元经济复合体。这些特征大致内容表现在以下几个方面：一是生产专业化。围绕主导产品或支柱产业进行专业化生产，把农业生产的产前、产中、产后作为一个体系来运行，做到每个环节的专业化与产业一体化协同相结合。二是经营集约化，大规模采用现代科学技术，实行集约经营，实现生产专业化、布局区域化、服务社会化。

三是经营一体化。通过多种形式的联合与合作，形成“市场牵龙头，龙头带基地，基地连农户”的贸工农一体化经营体制，使外部经济内部化，从而降低交易成本，提高农业的比较效益。四是管理企业化。在加强各企业之间的相互关联和优势互补的基础上，建立统一核算及风险共担的收入分配机制，对其营运和成本效益实行企业化管理。

二、结合地方特色打造“龙头”

实践表明，全面实施农业产业化战略的关键，是大力建设一批具有地方特色的农业产业化龙头企业。从我国一些地方的实践来看，所谓真正的农业产业化的龙头企业，应该具备三个条件：一是能够直接从事农产品生产、加工、经销，并具有一定规模的经济实力；二是能够一头联结国内外市场，实现农产品的有效流通，另一头联结千家万户，直接为农户提供服务；三是企业与农户有较稳定的产销关系，与农户结成比较紧密的利益共同体，带领农民发展现代化农业。

1. 舞起各地的“龙头”意义重大

结合地方特色办好一家龙头企业好比舞起了自己的“龙头”，往往可以振兴一项产业，搞活一方经济，致富一批农民。特别是一些龙头企业采取“公司＋农户”的运作模式，把企业与农户密切联系在一起，严格实行产供销一条龙服务。公司雄厚的经济实力使它有能力形成一个很稳固的产业链条，并且整合资金、技术、劳力、土地、信息等要素，在发展某一产业的同时，也促进其他相关产业的发展，同时，也能解决当地部分劳动力就业问题。

第一，发展龙头企业是降低农业经营风险、调动农民生产积极性的需要。龙头企业是连接农户与市场的桥梁，外连市场，内连农户。通过它可及时反馈市场需求，告诉农户需要生产什么，同时又通过自身的转化加工和市场渠道使农产品快速打入市场。"市场牵龙头，龙头带基地，基地连农户"，有效地提高了农业的社会化和组织化程度，实现了农户与市场的有效连接，增强了农业生产的应变能力和抵御自然风险、市场风险的能力。农民只需根据市场需求放心生产，不必为产品的出路担心，生产收入得到有效保障，有效地调动了农民生产的积极性。

第二，发展龙头企业是引导生产、促进农业产业结构调整的需要。龙头企业拥有资金、技术、人才、信息等优势，能准确掌握国家产业政策，并通过运用价值规律，按照市场法则对农业生产实行有效调控，对农户提出指导性计划，告诉他们应该生产什么，生产多少，避免了农业生产活动的盲目性。龙头企业可以引导农户优化生产，改善农产品的品种、品质，生产出开发潜力大、附加值高的农产品。

第三，发展龙头企业是提升产业效益、增加农民收入的需要。有关资料表明，世界发达国家每1元农产品的加工平均增值额为2~9元，而我国只有0.41元，这也是农业长时间陷入大而不强、量大效低的经营怪圈的根本原因。通过发展龙头企业，积极开展主导产品的产后加工处理，农产品的附加值将得到有效增加。

第四，发展龙头企业是促进农业剩余劳动力转移、推进城乡一体化进程的需要。龙头企业是沟通城乡的纽带，加快了城乡之间的资金、技术、人才、设备等生产要素的合理流动和优化组合，推进了城乡一体化进程，为农村剩余劳动力的转移提供了载体。同时，龙头企业本身就是农村第二、第三产业的重要组成部分，它要求以优化资源配置为前提。目前，我国农村第一、第二、第三产业比例严重失调，而沿海开放地区和发达省份相对较好，一个重要原因就是沿海发达地区乡镇企业发展较好，其中许多乡镇企业都发展成为农业龙头企业。

2. 当前农村龙头企业发展遇到的主要问题

当前，农村龙头企业发展中存在不少困难和问题，主要有三个方面：

第一，企业规模偏小，市场竞争力不强。我国农业产业化龙头企业中，真正上规模、上水平的还较少，部分还停留在家庭作坊的水平，采用新工艺、新技术的少，保留陈旧传统工艺和设备的多；采用新材料、新包装的少，沿用老包装或简易包装的多。

显然，这与日益加剧的市场竞争是不相适应的。

第二，发展资金短缺，企业投入困难。融资渠道不畅，现代融资手段缺乏，企业担保抵押困难，银行贷款难以到位。根据有关调查，银行贷款仅能满足企业发展资金的20%～30%，资金缺口比例高达70%以上。

第三，质量标准和监测体系滞后，产品质量难保证，科技含量不高，附加值低。我国农产品加工企业质量体系认证工作还不完善，虽然龙头企业产品大都得到了认证，但众多加工企业还不能严格按照国家标准组织生产，少数企业产品质量低劣，经常出现不合格产品，消费者对农产品质量仍存疑虑。

3. 结合地方特色打造龙头企业的具体措施

打造龙头企业，是推进农业产业化经营的关键，要把农业龙头企业建设作为发展农业产业化的重要环节来抓，按照生产规模和发展需要来规划布局龙头企业，突出大（规模）、高（水平）、外（向型）、强（带动、辐射）等特点。必须因地制宜、统筹规划、立足高档次、在打造特色品牌上下大力气，促进龙头企业发展。

第一，提高认识，在农业产业结构调整中把培育壮大龙头企业摆在首要位置。

龙头企业不同于一般的工商企业，它一头连着市场，一头连着农户，肩负着带动农民进入市场，共同致富的重任，是产业化经营的关键环节。扶持产业化经营就是扶持农业，扶持龙头企业就是扶持农民。发展龙头企业，实行产业化经营，是解决“三农”问题，增加农民收入的重要途径。在调整产业结构，提升传统产业时，应把农业龙头企业建设当做一项赢利、创汇、可持续发展的强势产业来看待，当做最有发展前景和生机的后续产业来扶持。做到思想到位、政策到位、资金到位、服务到位。发展龙头企业涉及方方面面，不只是农业部门的事，各有关部门都要把支持产业化经营视为已任，要从贯彻科学发展观的高度出发，从加快农业发展、增加农民收入、实现农村稳定的大局出发，增强服务意识、协调意识，努力提高我国农业产业化的经营水平。

第二，找准地方“特色”，充分发挥比较优势。

结合地方特色打造龙头企业，必须要找准本地区的“特色”，发展“特色经济”。所谓“特色”，一定要展现本地区的特长和个性，扬长避短，发挥比较优势。可是，一些地方的视野不开阔，信息不畅通，并没有真正选准“特色”的定位。有的地方不搞市场调查，不认真进行论证，就把自己产业较大的定为“特色经济”；或者看着别人搞什么赚钱，也跟在后面盲目调整结构，并确立为本地区的“特色经济”。这样的“特色经济”没有特色，只能是旧产业的延续，各地之间的互相模仿。“特色”只有选准，才能产生经济效益。“特色”如果选歪了，非但不能增加收入，还会投了钱压了货，陷入恶性循环。所以，找准“特色”，打造龙头企业，一定要因地制宜，看准本地区、本省乃至全国的市场，扬长避短，选对自己的“坐标”。

第三，聚合生产要素，引导多元化投资兴办龙头企业。

一是启动民间资本发展龙头企业。因势利导地鼓励农村个人、大户独资或联户合资兴办农产品加工、储藏、保鲜、运销等项目，拉长农业产业链。二是积极引进外资兴办加工龙头企业。把发展农产品加工龙头企业作为各地招商引资的重点之一，通过利用国内外的资金、技术、设备和管理优势，新建、改造和嫁接农村的龙头企业。三是鼓励和动员社会各方力量投资兴办农产品加工龙头企业，积极争取更多的大企业投资兴办农产品加工项目。乡镇企业发展应把兴办加工龙头企业作为今后发展的方向和重点。粮食、供销、外贸以及农业各部门要充分发挥自身的优势，积极兴办加工龙头企业，充分利用国家深化粮食流通体制改革的契机，引导国有粮食加工企业建立生产基地，促进农产品的加工转化。

第四，围绕“龙头”，抓好农产品基地建设，提升产业化经营水平。

龙头企业的发展壮大靠基地来支撑，龙头企业的发展与生产基地的建设和农民增收是相辅相成、相互促进的关系。只有生产基地发展了，农产品加工企业的原料才能得到保证，同样，农产品加工企业发展了，农业增效和农民增收的目标才能得以实现。因此，龙头企业应把自身利益与农民利益统一起来，与农民建立原料供应和生产协作关系，通过签订产销合同，明确双方的权益和责任。

围绕龙头企业来合理规划区域特色经济，一般来说，一个县（区）应主要突出1～2个特色农业产业，并且要扩大规模，形成优势。在基地建设中应注意：一是要优质化，发挥农业科技示范园的指导作用，引进优良技术和品种，改善和提高农产品的品质。二是要标准化，基地连着千家万户，基地建设应按照生产技术标准和产品质量标准，由企业向农户统一提供种苗，统一技术规程，统一防治病虫害，统一栽培管理。三是要规范化，进一步完善委托生产及订单的农业利益分配关系，规范合同行为，提高合同履约率，真正使企业与农户形成紧密的利益共同体。

第五，大力实施农业标准化战略，加强产品质量体系建设。

我国不少龙头企业的产品与国际标准不接轨，难以进入国际市场，这是当前我国农产品龙头企业发展所面临的一个严峻问题。要从尽快进入海外市场、同国际接轨的要求出发，推进农业标准化工作，提高产品标准化水平。一是加快标准体系建设。各龙头企业要按照国际标准，建立相应的质量管理体系和企业产品标准。二是加快安全（无公害）农产品生产基地建设，要与农业科技示范区、外向型农业开发区相结合，建立安全、优质、出口创汇农产品基地。三是加大农产品创牌工作力度，要把龙头企业创牌工作摆在重要位置，按照标准化的要求组织生产，争创更多的农产品及其加工品的名牌。

第六，制定优惠政策，为龙头企业发展创造宽松的环境。

一是加大资金扶持力度。要认真研究国家产业政策，围绕农业产业化、生态环境保护、小城镇建设等方面，争取国家更多的资金支持和政策支持。二是改善信用环境，拓宽企业融资渠道。政府及企业主管部门一方面要对企业经营者进行诚实守信的教育，另一方面要对企业信用度进行评估。要尽快成立信用担保机构，降低金融机构的贷款风险，解决龙头企业贷款担保难的问题。要积极引进新的投资主体，采取股份制、股份合作制、外资嫁接、兼并联合、委托经营等多种形式，扩大企业融资渠道，实现资金筹措社会化和市场化。三是充分调动农业科技人员的积极性，鼓励科技人员到龙头企业任职，鼓励科技人员深入农村搞示范，领办、创办科技开发园区。四是灵活运用政策。对农产品加工企业用地应优先考虑，简化办事手续。对企业实行封闭管理，减少对企业的各种检查、收费、参观、评比等活动，营造公平竞争的市场环境，为企业生产经营排除干扰。五是营造良好的舆论氛围。对我国的农业资源优势、特色农业经济、名牌农业产品和有活力的农业龙头企业等，要加大对外宣传力度，集中发挥广告效应，打出我国的主要品牌，扩大在市场竞争中的知名度。

龙头企业是推进农业产业化的关键，可以说，抓住了“龙头”，就找到了农业产业化的突破口。因此，扶持龙头企业，应该作为各级政府在实施农业产业化战略过程中的重点。中央一再强调，各级财政要安排支持农业产业化发展的专项资金，较大幅度地增加对龙头企业的投入。对符合条件的龙头企业技改贷款，可给予财政贴息。对龙头企业为农户提供培训、营销服务，以及研发引进新品种新技术、开展基地建设污染治理等，可给予财政补助。按照市场经济的要求，尽管公共财政应当逐步退出竞争性领域，但基于龙头企业与一般工商企业所不同的特殊性质和作用，只要符合中央文件所提出的那些条件，无论是哪种所有制形式的龙头企业，是生产加工企业也好，是流通组织和批发市场也好，抑或是各类专业合作经济组织也好，都可以而且应当一视同仁地给予政策扶持。

三、把农业产业化经营的优惠政策落到实处

发展农业产业化经营要实事求是，顺应民意。只要适合当地情况、符合农民意愿，不论农业产业化采取何种形式，政府都应给予鼓励和扶持。在发展过程中，政府要充分发挥政策导向作用，利用经济杠杆，采取税收调节、资金扶持等方式，引导农民、企业和社会资金等投入农业产业化经营，特别是引导非农企业，尤其是乡镇企业投资于农业产前生产资料、技术、资金等要素的供给，产中服务，产后加工和销售等领域，把农产品生产与加工、销售、服务等环节紧密结合在一起，实施一体化经营。也就是说，通过优惠政策的落实，促进农业产业关联度在较大程度上的提高。实际上，现代化农业的发展过程，就是一

个用先进的工业生产设施和工业物资技术手段不断发展传统农业的过程。

改革开放以来，我国农业产业化政策不断得到加强，但与成熟的市场经济国家相比，我国农业产业化水平还很低，支持保护机制还很不完善。即使与我国经济发展所处的阶段相比，也是不相称的。把农业产业化经营的优惠政策落到实处，应采取以下措施：

第一，调整国民收入分配格局，建立财政支农资金的稳定增长机制，增加农业国内支持总量。农业国内支持政策是提高我国农业综合生产能力和农产品国际竞争力的必要条件，是加强农业支持保护的主要措施。必须坚持农业投入与国民经济增长相适应的原则，才能保证财政支农资金总量在现有水平上逐年增加。

第二，调整农业支持保护结构，重点加大对农业科技、农业生产性基础设施建设的投入，提高农业综合生产能力。一是加大基础性、公益性农业科研投入，提高农业科技创新能力，增强农业科技储备。二是完善和创新农业技术推广体系，提高农业科研成果的转化率，提高国家农业技术推广资金的使用效率。三是按照公共财政的原则，明确和强化各级政府在中小型农村公益设施建设方面的责任，把农村中小型基础设施建设作为各级财政支农投资的重点领域。加大对农业基础设施建设的投入力度，重点支持西部贫困地区和粮食主产区农村的中小型农业基础设施建设。

四是扩大良种补贴规模和范围，目前实施的大豆、小麦、玉米良种推广补贴试点，取得了显著效果，应在此基础上不断扩大规模，并进一步向其他农产品延伸。五是继续增加对农业生产资料的补贴，结合农业生产资料价格上涨的情况，建立对化肥、农药、燃油等农业生产资料的政策性补贴制度。

第三，加大农业发展银行支持“三农”的力度。作为我国目前唯一的政策性农业金融机构，农业发展银行业务范围太小，主要负责粮棉油收购、储运等环节的资金提供，农业发展急需的其他贷款业务基本没有涉足，在粮食购销体制改革基本完成后又将面临业务严重萎缩的问题，没有真正起到支持农业开发的作用。农业发展银行要在目前的基础上调整、充实业务范围，积极开办粮油产业化经营贷款，并逐步开办扶贫开发项目贷款、农业综合开发贷款、农村基本建设和技术改造贷款业务。

（1）强化制度建设。一是加强法制建设。确保农业发展银行有法可依、有章可循。同时解决“订单农业”不履约的制裁问题，从而为农业发展银行发展商业性贷款提供好的环境。二是大力发展农业保险。完善政策性农业保险政策，在农业发展银行开办农业政策性保险业务，或鼓励商业保险公司积极开展农村和农业保险业务，分散和转移由于自然灾害以及市场波动所带来的风险。三是加强信用工程建设。建立中小企业信用评级体系和担保体系。建立农业产业化融资担保公司，解决农业产业化龙头企业贷款担保难的问题。四是完善粮食风险基金管理体制。粮食风险基金改为由省级财政集中统一管理。

（2）完善服务功能。一是科学地界定农业政策性银行的业务范围。作为农业政策性银行，继续按照“保本微利”原则开展经营活动，其经营的业务范围均属于政策性业务范畴，否则，最终会回到原来的商业性银行经营政策性业务的老路上去。二是转变观念。在服从国家宏观调控的前提下，加大县域经济的政策性金融支持。三是创新服务。根据中小企业贷款周期短、频率高、周转快的特点，积极开办适应中小企业需要的可循环贷款，减少贷款流程，提高贷款效益。四是拓展业务领域。通过不断满足现代农业发展对资金的需求，推动农村经济发展。五是完善贷款退出机制。为信誉好、还贷积极的农业产业化龙头企业和中小企业开辟绿色通道。

（3）开展政府信用协议贷款，是农业发展银行充分利用政府信用和组织优势，强化支农作用、创新信贷发展的重要途径，同时，政府建立信用担保平台，有利于建立信贷管理防火墙，有效防范信贷风险。既要督促信用担保平台的规范运作，更要充分发挥信用担保平台在推动农业产业化贷款业务快速有效开展中的重要作用。

（4）改进信贷管理，进一步提高办贷效率。要在落实风险防控措施的前提下，改进信贷管理，按规定加快贷款各环节运作速度，加快项目贷款的审查、审批和实施进度，提高服务效率。转变作风，为企业提供优质高效的金融服务。要把提高队伍素质作为当前最为紧迫的任务认真抓好。一是要转变作风，坚决摈弃官办衙门作风、坐门等客观念，树立以客户为中心的经营理念，增强客户营销、服务意识。二是要加强沟通协调，及时了解企业的需求，实行度身定做，为农业产业化龙头企业设计个性化信贷产品，与客户建立稳固的战略合作关系。三是要加强对企业提供信息等服务。充分利用系统管理优势，积极为客户提供粮棉油供求信息、产销衔接、上下游客户资源等方面的准确、快捷、便利的服务。

第四，建立政策主导性的农业保险体系。农业保险对农业风险损失的经济补偿功能是其他政府投入无法完全替代的。国际、国内开展农业保险的实践经验表明，农业保险是一种受自然灾害制约较大的高风险的保险业务，具有准公共物品的性质，如果完全实行商业化经营模式是不现实的。而建立一个自上而下的政府主办、政府经营的政策性保险体系，运行监督成本较高。根据国外农业保险的实践经验，我国今后应建立政府主导下的政府与商业保险公司混合经营、以国家农业保险公司的宏观调控来引导农业保险发展方向、以各省农业保险公司的区域性管理为业务主导，以县乡两级的农业保险公司为经营主体的政策主导性的农业保险体系。

第五，完善农业社会化服务体系。针对当前我国农业社会化服务体系建设中存在的主要问题，主要应做好以下几项工作：一是加强农业社会化服务组织机构的建设。改革管理体制，理顺各级各类服务部门的关系，明确各自的职能范围。充实完善乡村集体经济服务组织，充实其服务内容，发挥其在服务体系中的骨干作用。鼓励农民根据市场的需要，在自愿互助的基础上建立各种类型的服务组织，鼓励大企业、大公司与农业生产单位或个人的横向联合，走贸工农、产供销一体化的道路。培植和引导农民自发形成民间服务组织，大力发展农产品行业协会和各类专业合作组织。抓紧组建出口农产品行业协会和骨干品种行业协会，各级政府要赋予协会必要的职能和手段。按照“民办、民管、民受益”的原则，加快发展各种新型农民专业合作组织。二是加快农产品质量标准、检验检测和认证体系建设。要提高农业国际竞争力，必须与国际标准接轨，抓好农业标准的制定修订工作，建设较为完善的农产品生产、加工、流通全过程的质量标准体系；从全国一盘棋出发，尽快形成专业齐全、分工明确、方便快捷的检验检测网络，实现农产品质量全程控制；加强有机食品、绿色食品认证管理和服务机构建设，搞好宣传培训和认证服务，引导和帮助更多的企业申报有机食品和绿色食品。三是改革农业科技推广体制。主要是实行经营性服务和公益性职能分开，积极培育多元化农业技术推广服务组织，建立一支以各级农业部门技术推广机构为主导，农业科技工作者、农民、企业等社会各界广泛参与的多元化农业科技推广队伍。四是增加服务组织的信息、技术含量，充实服务内容，完善服务体系的综合服务功能，提高服务质量。

第六，完善农业产业化经营方面的法律保障。一方面，积极促进完善涉农法律法规，推动粮食生产、菜篮子产品生产等惠农强农政策法制化；加快建立权责明确、行为规范、监督有效、保障有力的农业行政执法体制，全面加强农业执法力度，大力推进农业综合执法，增强依法行政能力，切实维护农业生产经营秩序。加强农村法制宣传教育。另一方面，要完善农业产业化经营法律体系，依法规范各级政府支农行为。要按照建立公共财政体制的要求，调整财政支农资金的使用方向，转变补贴方式。要逐步减少对流通环节的补贴，要将主要农产品市场风险基金转为对农民的直接收入补贴。在粮棉主产区建立对农民使用先进技术的直接补贴制度。增加对农民的生态环境补贴。增加农业科研和推广、质量安全和检验检测、农产品流通设施、农民培训等方面的投入。逐步将县以下以改善农民基本生产条件和生活质量为重点的中小型基础设施建设纳入各级政府基本建设投资的范畴。改进政府农业投资管理体制，提高政府支农资金的使用效益。

把农业产业化经营的优惠政策落到实处，关键是要形成一个有效的利益联结机制，没有一个兼顾各方面权益的利益联结机制，就不可能有农业产业化经营的可持续发展。

我国主要农业产业化经营模式中的利益关系形式，一是“公司+农户”经营模式中的公司、企业等营利性经济实体与农户的利益关系。这类经济实体与农户作为各自独立的经营者和利益主体，按照市场交换的原则发生经济联系，以合同契约作为制度和法律保证。这类组织与农户的利益关系又可分为松散型和紧密型。二是农民合作组织模式中的农村合作经济组织与农户的利益关系。这主要是指农户以合作经济组织为载体在流通环节、加工环节、科技及信息等服务环节以自助互利的方式发展农业产业化，农户除了能从合作经济组织得到生产所得的利益外，还能得到合作经济组织从事其他环节经营服务所得的利润返还。三是股份合作制经济组织与农户的利益关系。在这类组织中农户以入股的形式进入股份合作制企业，不但能得到生产者的利益，还能以股东的身份分享股份经济组织从事生产经营获得的部分利润，但这部分利润与农户参加合作经济组织所得的按交易量返还的利润不同，它是一种投资的回报。

农业产业化的利益机制包括利益创造和利益分配两个方面。农业产业一体化中产前、产中、产后各级部门都是创造利益的直接主体，协调好他们之间的关系，形成激励机制尤为重要。各个部门都有必要采用先进的生产技术和管理经验，提高生产水平及农产品的科技含量，增加附加值，创造更多的利润。龙头企业自身经营管理效率的提高和规模的不断壮大是整个一体化产业发展乃至生存的关键。龙头企业应对广大处于产中关键地位却缺技术、少资本的农户进行培训、扶持和帮带。

利益分配是利益机制的关键，关系到农业产业一体化各部门的协作运行。加工和运销部门在经营过程中，资金投入多，周转快，利润较大，资金利润率常高于农业生产。而农户处于出卖原料的地位，作为价格的被动接受者，一般难以得到正常的利润。除了可以通过协调渠道或中介组织进行相应的监督，以公平合理的协议方式保护农民利益外，还可以充分鼓励加工、运销环节部门间的竞争和发展，使其企业总量略多于农户供给的原料水平，这样只有他们出公道的价格，并争取农户的信任，才能保证稳定的农产品货源，这样才能使基层农户掌握一定的卖价权力。

农业产业化发展依托于利益机制的建立，在市场经济的竞争中，如何有效地激励利益创造，合理地进行利益分配，建立良性循环的农业利益机制尤为关键。

（1）形成有效的农业产业化利益创造机制。从农业产业化经营的根本目的出发，尽可能做到充分调动公司、企业等中介组织和农户两方面的积极性，是农业产业化利益创造的关键。要确保农业产业化经营主体——公司、中介组织和农户创造利益的积极性，就要明确经济利益主体的产权，切实保护经济利益主体的产权，营造一个公开、公平、公正竞争的政务环境、市场环境和法制环境；要求制定支持性的农业产业化政策措施，对农业产业化经营的龙头企业、农业服务中介组织和从事农业生产的农户实行财政支持和金融支持，扶持农业产业化的发展。

（2）建立农业产业化利益分配机制的原则。一是农民与各类经济组织利益权利平等原则。利益分配合理与否，将影响各利益主体积极性和创造性的发挥，从而最终影响经济的可持续发展。二是让农民合理得利，反哺农业的原则。农业产业比较效益低的一个重要原因是，农业要承受自然和市场双重风险。建立农产品加工业反哺农业、让农民合理得利的机制，是农业产业化经营发展的保障。三是农民、各类经济组织总体利益最大化原则。四是符合国家法律、政策的原则。

（3）立足实际，创新农业产业化利益分配机制。一是解放思想，引导农业产业化经营主体不断更新观念，树立互利互惠、共同致富、长远发展的利益取向。二是要把利益分配机制建设纳入规范化、制度化的轨道。三是创新农业产业化经营的利益分配方式。四是企业与农户有租赁关系的以租金方式付给租让其承包地的农户。

在落实关于产业化发展的优惠政策的同时，也要制定相应的政策法规，引导农业产业化经营的有序发展。我国一再强调要防止低水平重复建设，在农业产业化经营中也同样存在着低水平重复建设。在发展农业产业化经营的过程中，政府部门要制定相应的产业政策，引导农户和企业的生产，防止各地区的产业和产品结构趋同，使市场做到有序竞争。

四、合作化，再来一次又何妨

农业合作化运动是中国共产党继土地改革运动之后发动的又一场使农业和农村发生重大变革的运动。农业合作化运动的目的是多重的，然其根本目的是在农村解放生产力和发展生产力，通过生产关系中生产制度的变革，达到发展农村生产力的目的。农业合作化运动逐步推进（1953—1978 年），经过了几种经济形式：农业生产互助组、初级农业合作社和高级农业合作社（人民公社）。新时期，推进农村改革发展和现代化农业建设，不妨再来一次“合作化”。

现有的联产承包责任制下的农业生产，人们对其有一个带贬义的描述：小生产，大市场。这种形象的说法，不是一个严格规范的经济学命题。如果只是想表达小农的生产规模太细小，无法掌握市场活动的信息的话，这个判断肯定不错。但对于生产规模较大的农业企业来说，它在市场里所面临的难题与小农相比区别并不大，此判断与“大企业，大市场”所包含的意义相近，并不能充分表达出农民和市场之间的不对称性来；如果判断要表达的是由于小农经营规模细小，而且彼此独立分散，因此在市场交易活动中，无论他作为卖者或买者，与他的对手相比，他都处在极为不利的交易地位，无法有效维持自己的商业利益的话，则准确地道明了小农在市场经济活动中的困境。自改革开放以来，农民为了提高自己在市场交易过程中的谈判地位，已经做出了较多制度创新上的尝试。比如说，发展社区性的合作经济组织、建立农村专业技术协会，到现在正在倡导的产业化经营体制等，这些已经出现的经济组织虽然在制度建设上都还不能说成熟，但也表现了农民在市场活动中不断探索制度创新的历史过程。如果从国际上成功的经验来看，一百多年来，无论是东方还是西方，增强农民在市场交易过程中谈判地位的组织方式就是成立合作社，联合起来在信贷和投资、投入品和产成品交易、信息共享和技术贸易等领域，与优势企业交易时争取平等的谈判地位，保护自己的商业利益。

在新的历史起点上，发展农民合作经济组织，是全面繁荣农村经济、促进农民收入增长的有效举措，是提高农民进入市场的组织化程度、增强农民市场竞争能力的基本手段，是创新农村经营体制、完善农业社会化服务体系的内在要求，也是建设现代化农业、提升农业整体素质和效益的重要途径。目前，由于农民缺乏经济合作性的生产组织，农业组织化程度低，不利于促进农业结构调整和增加农民收入。

农民迫切需要自己的合作经济组织，现在我们宣传的一些合作经济组织为什么在一些地区推广不开，或者即使成立了合作经济组织发挥的作用也不大？有四个原因：第一，一谈到农民合作经济组织，好像是行政性的，要求财政给予补贴，这肯定是行不通的。第二，农民一听到合作经济组织，感觉似乎又回到“大锅饭”时代，如果缺乏引导，农民就没有热情。第三，基层干部不去做工作，自己生长出的这样的组织，没有政策扶持。第四，农民如果要成立合作经济组织，要去民政部门登记，这其中的手续门槛，让农民有畏难情绪。

在市场经济中，农民已经逐步认识到合作经济组织对自己的意义，并有参与到某个合作经济组织中以保障自己的利益的愿望。但是，农民需要的合作经济组织，应该是农民自愿组织的，而不是由政府操办的。这个组织要严格尊重农民的承包经营权，尊重农户的自主独立地位，这是促进农村产业化经营制度创新的必要条件，是建立新的农村合作经济组织的前提。坚持农户承包经营制 30 年甚至更长时间不变，就是为我国的现代化农业经营体制建立稳固的基础。在土地分散经营的条件下，需要某种纽带把分散的农民再结合到一起，使之在市场的竞争中保证其平等的主体地位，以降低其产品在市场流通过程中利益受损的概率。比如，种粮食要有粮食协会，种葡萄有葡萄协会，养猪有养猪协会，种油菜有油菜协会。按产业建立协会，协会就是农民自己的组织。它可以是农民集体所有，也可以实行股份制。这些组织都应该在维护农民利益方面发挥作用。

建立农民合作经济组织的设想早在 20 世纪 80 年代末就提出来了，自那以后，各个地方政府相继在建立各种类型的农民合作经济组织方面进行了一些自发的探索，有关部门也借鉴国际经验进行了小规模的试验。但迄今为止，农民合作经济组织在我国并没有形成大的气候。从各地发展情况来看，多种形式的农民专业合作经济组织主要体现出以下几大特点：一是发起人身份多样化。有农村经纪人、种养大户和农产品加工营销企业发起的，有基层供销社、经营站、畜牧兽医站和农机推广站等技术经济部门发起的。四川、吉林等的组织部门还总结推广了“支部加协会，农民得实惠”、“党员合作社，群众致富路”等由党员和村党支部发起的农民专业合作经济组织的成功经验。二是组织形式与合作内容多样化。这些组织中，既有以直接参与市场竞争为主要目标的合作经济组织，也有单纯提供技术指导和服务的专业技术交流协会，既有本社区内农民的合作，也有跨社区的农民的合作。合作的内容和领域已扩大到蔬菜、林果、畜禽、水产品、花卉、食用菌以及运输、储藏、农产品加工等诸多产业和环节。三是合作经营与服务机制多样化。主要有专业技术协会、股份合作社、专业合作社等，合作的机制逐步从松散趋向紧密，并正在形成新的利益共同体。特别是专业合作社以其与社员之间比较紧密的经济利益联系，成为农产品加工企业较多的山东、浙江、江苏等东部地区的主要组织形式。

各地的实践证明，发展农村专业合作组织，只要不改变农户的土地承包经营权和农民的财产所有权，坚持家庭承包经营不动摇，坚持民主自愿，不搞强迫命令，坚持试点示范引路，鼓励多种形式发展的原则，切实按照合作制的基本要求，规范内部章程，完善经营机制，在技术、资金、信息、生产资料购买、产品加工销售、储藏、运输等环节提供有效服务，帮助成员增加收入，就能得到越来越多的农民信赖，就能使农民广泛参与进来。

目前国家鼓励发展各类农民专业合作经济组织的具体政策有：积极推进有关农民专业合作经济组织的立法工作；各级财政安排专门资金支持农民专业合作经济组织提供信息、技术、培训、质量标准与认证、市场营销等服务；有关金融机构对农民专业合作经济组织建设标准化生产基地、兴办仓储设施和加工企业、购置农产品运销设备等可适当给予财政贴息；深化供销社改革，发挥其带动农民进入市场的作用。

按照中央文件的政策思路，应该怎样发展新型农民合作经济组织呢？

第一，尊重农民的意愿和选择。

自愿、自治和民主管理是合作社制度最基本的特征。发展新型农民合作经济组织必须充分尊重群众的意愿，坚持农民入社、退社自由，坚持“民办、民管、民受益”，坚持以服务为宗旨。

发展合作经济，没有必要简单重复传统的合作社原则。传统的合作社原则，越来越不适应现代市场竞争的环境。例如，资本报酬有限原则，使农民不愿意向合作社投资，导致合作社资金来源的困难。又如，一人一票原则，使少数有效率的大农场在合作社中处于屈从大多数小农场的地位，导致合作社决策不合理，风险承担不均。在一些国家，合作社的发展陷入了困境，不得不依靠国家的补贴和保护。为了适应外部经济环境的变化，国外合作社内部制度安排的灵活性越来越大。以美国为例，美国农业部在定义农民合作社时，使用的四个主要标准是：①合作社必须是由使用者拥有的组织；②合作社在决策上实行一人一票制，年股份分红一般不应超过8%；③与非成员的业务不能超过与合作社成员的业务量；④合作社应按惠顾额向成员返还利润。为了适应与私人公司竞争的需要，一些合作社开始逐渐突破这些规定。总的来看，传统的以自我服务为主的合作社，为了适应市场竞争不断加剧的压力，正在转向开放型的经营服务，甚至逐步走向企业化、股份化。

第二，将发展农民专业合作经济组织作为重点。

通过建立各种类型的农民专业合作经济组织，为农民提供科技、信息、资金、物资和产品销售等服务，实行利润返还、入股分红，逐步形成“利益共享，风险共担”的利益共同体，代表了我国农业经营体制创新的方向。从合作组织形成的方式看，可以是供销社吸收农户入股，兴办专业合作社；可以是农民自发组建专业合作社；可以是一些协会、研究会吸收农民入股发展成合作社；也可以是龙头企业吸收农户入股，组建股份合作制企业等。

探索和支持以龙头企业为主体，在自愿互助的基础上建立各种行业协会和社会性中介组织。行业协会对所属成员实行自律，政府也可以授予协会某些管理权，如市场信息发布、政策法规咨询服务、行业准入管理、市场价格协调与管理、行业损害调查和纠纷处理等。

事实证明，试图把合作社在整体上改造为合作组织的政策目标是难以实现的。有条件的合作社可以改造为农民的合作经济组织，而大多数合作社及其所属的企业，在进行产权关系界定之后，将其设定为自主经营、自负盈亏的企业组织可能更为恰当。农村信用社的改革也面临着与合作社同样的问题。在信用社改革中，不应再过多地强调其合作制的性质，而应该从各地农村的实际情况出发，因地制宜地选择组织形式。

第三，制定对农民专业合作经济组织的扶持政策。

农民专业合作经济组织不同于企业，也不同于公益事业，它必须通过自身的经济活动为广大成员服务，并要有一定的公共积累。为了使合作社能在经济上逐渐自立，各级政府必须给予必要的扶持。对专业合作经济组织及其成员的生产性基础设施建设、技术引进、人员培训、农产品促销等，在财政上给予一定的补贴；专业合作经济组织可以享受其他农业社会化服务组织、农业产业化龙头企业等应有的税收优惠等。

第四，发展农民专业合作经济组织要始终把实现好、维护好、发展好广大农民根本利益作为一切工作的出发点和落脚点。

在产业结构调整中可能会形成多种组织形式，如“订单农业”、“公司＋农户”、农户自我联合等形式。无论哪种形式，关键是要形成产业化组织（如订单的买方、公司等）与农户之间利益共享、风险共担的经营机制。由于产业化组织间的各个方面所追求的利益与承受的风险有差异，建立利益共享、风险共担的经营机制是十分必要的。一方面，农业生产周期长，受自然条件约束大，特别是对于调整后的农产品农民种植风险较大，且农民承受风险能力差，风险意识薄弱。另一方面，产业化组织与农户之间的利益取向又有所不同。产业化组织追求企业利润最大化，农民只希望获得既得利益的稳定增长。产业化组织所追求的利润很大程度要受到农产品供给稳定与否的影响，农民所需要的恰是稳定的销售渠道。双方只有本着互惠互利的原则，建立唇齿相依的关系，才能保证在产业化经营中的双赢。从长远看，产业化组织也只有让农户得到实实在在的利益，其自身才能不断发展壮大。只有企业不断发展壮大，农民的农产品“难卖”现象才能得到有效解决，农民的收益才能稳定。应该说，“公司+农户”、“订单农业”的做法在一定程度上能够解决这个问题。“公司+农户”的产业化经营形式是在家庭联产承包经营制度基础上使分散经营的农户成为公司的原料基地、“生产车间”，成为产业化经营生产链中的一个基础性环节，以此带动产业化组织的发展，使传统的小农经济实现专业化生产、区域化种植、集约化经营、企业化管理。这是一种公司和农户之间通过契约方式结合在一起的长期的组织关系。它特别适用于具有知识产权品种的种植业生产和乳业、家禽业等养殖业。同样，“订单农业”产业化经营形式也是通过契约关系，产业化组织（订单甲方）就某一具体品种的农产品与农户（订单乙方）所达成的短期购销合同。

订单甲方与农户之间是一种短期（某一季，某一品种）的合同关系，适合传统农产品的生产。而这种产业化组织形式又都建立在双方诚信的基础上，其中任何一方丢掉了诚信，其产业化组织都难逃夭折的命运。

总之，在产业化过程中，不管引导农民组成什么形式的产业化组织，也不管规模有多大，都必须注意做到以下几条：

（1）联合体不触动、不影响新型家庭经济，不损害各成员的财产所有权，即经济联合体不是把家庭经济全部并入其内部，家庭经济可以独立存在，也可以作为股份参与其中；

（2）有相对稳定的农业生产经营项目，实行以农业为主兼营他业的方针；

（3）有较稳定的成员，具有一定的组织和经营规模；

（4）单独核算、自负盈亏，大部分实行企业化经营；

（5）自愿联合，进退自由，不搞强拉硬凑，有时一个家庭的成员可以分别参加几个不同类型的经济联合体；

（6）成员平等，各尽所能，各展所长；

（7）有一定的联合章程和管理制度；

（8）管理层次少，管理幅度窄，管理人员精，管理弹性强；

（9）按劳分配为主，按股份分配为辅；

（10）经济效益高。

对于农民来说，产业化组织也是发挥潜能、增长才干的“大舞台”。因为，他们可以自主自愿地选择和参加自己最感兴趣、最能发挥个人特长以及最能充分利用所掌握的生产资源价值的产业化组织。作为产业化组织中平等的一员，能够充分发挥自己的积极性、主动性和创造性，在联合体中，由于面对的不是土地和庄稼，而是大市场，在激烈的竞争中，其商品意识、效益观念、战略眼光以及整体素质都将得到较快提高，一大批农民企业家、农民商人都将在农业产业化的进程中应运而生、脱颖而出。

第 三 章

市场与科技：农业插上两只翅膀

农业科技是现代化农业的翅膀，是提升农业生产能力的根本性因素，也是改变农业增长方式的重要途径。国家把科教作为兴国的战略，同样，也应该是兴农的战略。市场是现代化农业的另一只翅膀，拓宽农产品和农民进入市场的通道，是发展现代化农业的必经之路。市场化程度决定着农民收入的增长速度，也决定着农业的发展速度。科技与市场，两手都要抓，两手都要硬，只有这样，现代化农业才能展翅高飞。

一、实施科技兴农战略

“科学技术是第一生产力”这一真理，同样适用于农业的发展，我国农业现代化的根本出路就在于加快科技进步。加快推进农业现代化，是全面建设小康社会的必然要求，实施科技兴农战略是推进现代农业建设的题中应有之义。

1. 农业科技：现代农业腾飞的翅膀

第一，科学技术是农业的增长点。我国是个幅员辽阔的大国，但由于人口众多，人均占有资源十分短缺，这一点是制约我国农业发展的重要因素。就以人均占有耕地来说，美国人均为12亩，我国仅为1.33亩，而且，我国人口以每年几百万人的速度增长，耕地却以每年几百万亩的速度锐减。这一严峻的事实告诉我们，农业的发展，不可能依赖自然资源在扩大再生产中起作用，农业的增长不能靠提高人均占有资源量来实现。而必须依靠科学的进步及科学技术在农业生产中的应用，靠科技提高耕地的单位面积产量，靠科技在有限的土地上搞立体开发，充分利用地力，在不再会增长的土地上收获超过以往产量的农产品。

大量事实证明，科学技术在农业领域里应用的前景十分广阔。改革开放以来，我国在农业科技领域共取得2万多项获奖成果，这些新技术、新成果的推广应用使我国粮食在播种面积退减近1.5亿亩的情况下，总产量连续上了几个台阶。农作物主要品种的更新，新中国成立以来实现了4～5次，而每次更新都使单位面积产量提高10%～15%。这说明，只要把科技引进农业，就可以大幅度地增产增收。但是，与发达国家相比，我国在农业科技应用方面还有不小的差距，发达国家的农业增长中，有70%是依靠科技进步来实现的，而我国目前的农业增长中靠科技实现的只占到40%左右，但从另一个方面来看我国的农业还有很大潜力。

第二，科技是改变农业单一品种结构和低下的消费水平的必经之路。随着基本实现小康，中国人的食物结构已经发生很大的变化。粮食的比重大大降低，人均占有肉、禽、蛋和水产品的需求成倍增长，消费的口粮中，细粮的比重也大大提高。现代人不再满足于吃饱穿暖，而在一定程度上要求吃好穿好。市场经济讲的是优胜劣汰，只有优质产品才能在市场上有竞争优势。现在我们的一些农产品在市场销售不畅，主要原因还是在于质量、品种不能满足消费者的要求。农业要满足社会日益增长的消费需求，必须改变过去"以粮为纲"的格局，实现农产品生产的多样化，并在一些农产品的数量上，尤其是质量上想办法，生产一些优质的农产品，而要做到这一点，舍科技别无他途。此外，农产品的保鲜技术以及深加工、精加工也很关键。解决这些问题又非科技莫属。因此，我们在进行农产品结构调整时，必须注意把科技因素考虑进去。

第三，科技可以使农业生产由劳动密集型产业转变为知识技术密集型产业。过去，靠体力，一个农民种上十来亩地就十分辛苦了，而使用农业新技术，实现机械化，就能进行规模化经营，一个人可以耕种上百亩甚至上千亩地，这样，就可以把大量的劳动力从土地上解放出来，转移到其他生产部门，去从事新的产业，创造新的财富。而科技又能给农民提供新的致富门路，使农民在从事第一职业之余，还可以从事其他职业。这样一来，科技在提高农业产量的同时，也改变着农业的产业结构，农业在科技的促进下，改变了传统的单一面孔，实现了各种生产要素的合理流动和有效配置，成长为现代化农业。

第四，科技农业是解决农业生态问题的最重要手段。科技农业可缓解生存和发展对生态环境所造成的压力，有利于农业的可持续发展。具有选择性的新农药、精确的施肥方法，新型杀虫剂、工厂化无公害生产等技术的推广利用，可以增加农产品的安全系数、减轻污染、节省某些短缺资源，从而有利于保护生态环境，防止生态恶化。

2. 农业科技进步的障碍因素

推进农村的改革发展，是我国农业发展的一个关键，农业增产、农民增收、农村繁荣的任务繁重而艰巨，这对农业科技发展提出了新的更高的要求。我国人多、地少、水短缺，发展粮食生产、保障粮食供给，要靠政策调动广大农民务农种粮的积极性，要靠投入改善农业生产条件，要靠法制严格保护耕地，最终要靠科技进步提高粮食单产、品质和生产效益。目前，我国的农业科技进步还存在着以下几点障碍因素：

第一，农业科技投入量与农业综合生产能力稳步提高的要求不相适应。目前我国农业科研经费的总量占农业总产值的比例很低，与发达国家平均2.3%的水平有很大的差距。据统计，包括县级以上农业科研单位的科技人员在内，我国人均研究经费不到

1 万元。

第二，农业科技的创新能力与农业综合生产能力稳步提高的要求不相适应。重大应用研究滞后，基础研究和应用基础研究创新能力不强，农业科技成果转化的支持力度仍有待于加强。只有农业科技创新能力不断增强，农业综合生产能力才能稳步提高。

第三，农民整体文化素质低，接纳新技术的能力差。许多农村尤其是贫困地区的整体文化素质较低。这一情况决定了农业科技成果很难直接通过农民之手顺利地吸收转化。同时，也说明农业科技推广的着眼点应是农民，而不是科技成果。即应把农业科技推广的重点放在通过用说服、教育、培训等手段来引导和帮助农民自觉采纳新技术、改进农事操作方法、提高生产效益和增加收入上，而不是把科技成果强迫卖给农民。

第四，农业科技服务体系建设与农业综合生产能力稳步提高的要求不相适应。我国的农业科技推广在法制建设、基本模式、管理体制等方面存在诸多问题。这使得农业新知识、新技术、新方法以及市场信息的传播与服务不利于农业综合生产能力的提高，农业科技服务体系亟待改进。

第五，农业科技在开发资源和保护环境的控制能力上与农业综合生产能力稳步提高的要求不相适应。我国耕地、林地和草地人均占有量分别仅占世界平均值的 1/3、1/5 和 1/4，荒漠化面积占国土面积的 27.3%，水土流失面积占国土面积的 18.7%，重金属污染的土壤面积达 2000 万公顷，农药有机污染的面积达

1000万公顷，对农业综合生产能力和市场竞争力的稳定提高，已造成了严重的威胁。

此外，农业科技成果转化缓慢、农业科技推广运行机制与市场的不适应、农业教育和科研及推广三者之间缺乏良好的合作机制等问题的存在也影响着我国农业科技的进步。

3. 加快农业科技进步的对策

科学技术是第一生产力，现代化农业建设是随着农业科技进步而提速的。农业科技发展，要注重促进农业综合生产能力的提高，为保证国家粮食安全提供支撑；要注重领域拓展和产业延伸，为推进农业和农村经济结构战略性调整提供支撑；要注重改变生产方式、提高生产效率，为农业节本增效提供支撑；要注重适应市场需要、搞好市场服务，为开拓农产品市场提供支撑；要注重防灾减灾、促进人与自然和谐发展，为保障农业生产安全、国家生物安全提供支撑。要满足上述要求，就要采取得力的举措。

第一，建立农业科技投入稳定增长的机制。

要加快农业科技创新，提高农业科技含量。要大幅度增加对农业科研的投入，加快建立以政府为主导、社会力量广泛参与的多元化农业科研投入体系，形成稳定的投入增长机制。要不断提高国家科技投入用于农业科研的比重，有关重大科技项目和攻关计划要较大幅度增加农业科研投资的规模。

深化农业科研体制改革，抓紧建立国家农业科技创新体系。加强国家农业基地的创新能力建设，搞好农业基础研究和关键技术的研发，加快生物技术和信息技术等高新技术的研究。根据全国农业综合区域划分，在整合现有资源基础上，依托具有明显优势的省级农业科研单位和高等学校，建设区域性的农业科研中心，负责推进区域农业科技创新，开展重大应用技术攻关和试验研究。加强农业领域的国家实验室、改良中心、工程中心和重点实验室建设，改善农业科研机构设施条件和装备水平，加快建设国家农业科研高级人才培养基地。

加快农业科技创新，提高农业科技含量，构建我国农业科技进步的长效机制，关键是要加强农业科技创新能力建设，即要从增加农业科研投入、抓紧建立国家农业科技创新体系、建设国家农业科技基础条件平台和高层次农业科研人才培养基地四个方面来实现。

要建立以政府为主体，社会力量广泛参与的多元化农业科技投入体系，并将有关政策以法律的形式固定下来。要加快研究参与农业科研投入的社会力量在信贷、税收、土地等方面的优惠政策，吸引更多的科技部门与科研人员投入农业科技研究工作。从而形成农业科研投入稳定增长的长效机制，促进农业综合生产能力不断提高，农民收入不断增长。

第二，加快农业科技人才工程建设。

农业发展靠科技，科技进步靠人才，当今世界的竞争，从根本上说是人才的竞争，人才资源已成为最重要的战略资源。加快农业科技人才工程建设，造就一支高素质的农业科技队伍，是实施科技兴农战略的前提。

一是充分认识农业科技人才工程建设的重要性和紧迫性，牢固树立人才资源是农村第一资源的观念。人才问题是关系党和国家事业发展的关键问题，全体党员同志必须从全局和战略高度出发，把实施人才强国战略作为党和国家一项重大而紧迫的任务抓紧抓好。但是，我们有些人对农业科技人才工程建设的重要性和紧迫性却认识不足。有些人认为，我国是世界第一人口大国，而农业人口就占了9亿多，人才资源必然十分丰富。须知人口与人才是不同的概念，人口多，说明人力的数量多；人才多，说明高素质的人力多。而事实上，人口资源丰富而人才资源相对缺乏，正是我国经济和社会发展中的一个突出矛盾。各级党委和政府必须进一步增强紧迫感和责任感，充分认识开发农业科技人才资源的重大意义，真正树立起科学技术是第一生产力、人才资源是第一资源的观念，把农业科技人才的培养和建设一支高素质的农村科技人才队伍当做一项重要工程来抓紧抓好。

二是多途径、多渠道开发和培养农业科技人才。要改变我国农业科技人才紧缺的现状，必须多途径、多渠道开发和培养农业科技人才，加速造就一支由学术带头人、农业技术推广人才、农业科技企业家、高素质农民和农业科技管理人才共同组成的高素质农业科技队伍。各地基层党委和政府在高度重视从高等院校、科研院所引进技术人才服务农村经济的同时，要着重抓好农业科技“基层队”的建设。

三是加强领导，创新机制，为农业科技人才队伍充分发挥作用创造良好的社会环境。十年树木，百年树人，说的是培养人才不容易，然而，要能够留住人才，让每个人才都能尽其才，充分发挥人才的作用也非易事。各级党委和政府要引起高度重视，在切实做好农业科技人才工程建设规划的基础上，进一步创新农业科技人才工作的体制和机制。在农业科技人才工程建设中，必须遵循人才资源开发规律，坚持市场配置人才资源的改革取向，不断改革创新，建立充满活力的农业科技人才工作机制。

第三，引导和推动企业成为农业技术创新的主体。

新中国成立以来，我国已经形成了一个初具规模的农业技术创新体系，但由于这一体系几乎完全为政府拥有或控制，因而存在不少弊端，严重制约了我国农业技术创新的能力。要克服这些弊端，必须积极引导和推动企业成为农业技术创新的主体。

企业成为农业技术创新的主体，早已是世界农业发展的一大趋势。从 20 世纪 80 年代的有机农药到合成农药，从化学农药到生物农药的开发都是由企业完成的。美国著名的江迪尔（Tondeere）农机制造公司，每年用于农机科研的经费高达 25 亿美元。在日本，企业用于科研和技术创新的投资占全国科研经费的 80% 以上。农业科技企业已经成为当代发达国家农业技术创新的主体。

从我国目前的情况来看，引导和推动企业成为农业技术创新的主体，有利于强化农业技术创新的市场导向，提高农业技术创新的效率，提高农业技术创新的能力。

与国外企业相比，我国企业在技术创新方面还存在较大差距，大多数企业不能将研究开发与技术创新作为企业正常活动的一部分，企业对科研活动也较少参与和投入，在农业技术的应用上普遍存在着“等、靠、要”的思想，这种状态必须改变。一是各级党委和政府一定要创造条件，继续深化科技机构改革，尽快把那些具有面向市场能力的农业科技机构逐步转变为科技企业或进入企业，做到自主经营、自负盈亏、自我发展。二是要进一步深化企业制度改革，内化企业的创新源。让企业真正成为技术创新的决策主体和投资主体，并基于利润和市场竞争压力，积极主动地去追求技术创新。三是要积极营造有利于企业技术创新的社会环境。四是要积极支持民营科技型企业的发展。民营科技型企业在技术创新中扮演着重要角色，它们在转换企业经营机制、推动产业结构升级、优化产业结构、促进国民经济增长等方面都发挥着积极作用。

第四，完善农业科技推广体系。

要将农业科技转化为现实生产力，建立并完善农业科技推广体系是关键。经过多年努力，我国已初步形成了由国家农业科技推广服务中心、省级农业科技推广总站、县级农业科技推广中心、乡镇农业科技推广站组成的比较完整的农业科技推广体系，各级农业科技推广机构在农业技术引进、试验示范和推广应用、开展技术培训和咨询、提高广大农民素质、推动农业和农村经济发展等方面，发挥了不可替代的作用。但是，当前一些地方基层农业技术推广机构存在着队伍不稳、保障措施不力、管理体制不顺、人员素质不高等突出问题，严重影响了农业科技推广体系的稳定和农业科技推广事业的发展，必须进一步完善我国的农业科技推广体系。解决这些问题，有必要在完善农业科技推广体系的基础上，建立起新型农业科技推广体系。

一是要科学界定职能，深化公益性农业科技推广机构的改革。要借鉴科研机构改革、改制的经验，按照公益性和经营性两大类型，对农业科技推广服务机构进行资源的优化组合。对公益性农业科技推广部门，要实行政事分开，真正将由政府承担的行政职能交还给政府承担，将设置过多过散的乡镇农、林、牧、水产、农机等农业科技推广服务单位统一归并成综合性的乡镇农业科技推广服务中心，并按照事业单位推行全员聘用制的改革要求，对其人员可按照“公开、平等、竞争、择优”的原则，引入竞争机制，实行公开招考，竞争上岗和全员聘用制度。对经营性农业科技推广服务，可以以市场为导向，尊重农民的创造性，引导和鼓励多种组织形式共同承担。

二是要积极发展农业科技推广中介组织。实行家庭联产承包责任制后，农业科技推广工作中的突出问题之一是有限的推广力量与众多的服务对象之间的矛盾，面对千家万户的分散经营，原有的推广机构心有余而力不足。因此，应积极发展各种类型的农业科技推广中介组织，鼓励科技人员创办科技服务中心，支持以股份制或合伙形式成立技术经纪公司或技术经纪人事务所，组织农民成立专业协会、合作社等组织，进一步提高农民的组织化程度和吸收利用农业新技术、新工艺的能力。

三是要努力促进农业教育、科研与推广相互协调发展。农业教育体系、农业科研体系都是我国农业技术推广体系的一个重要组成部分，应当改革现行的农业教育、科研与推广相互分离、各自为政的体制，建立科教统筹协调机制和组织机构，鼓励农业教育、科研机构创办科技企业，加速高新技术成果转化等工作。同时鼓励从事农业技术推广工作的技术人员带着急需解决的科研课题走进科研院所及大学，进行合作研究推广。

完善农业科技推广体系，需要各级党委和政府部门通力合作，不断增加资金投入，积极创造条件。一是要多渠道增加农业科技推广体系建设的资金投入。二是要加强农业科技推广设施建设，不断提高农业科技推广的现代化水平。特别要重视采用计算机技术和现代信息技术，建立和完善多媒体农业推广应用系统。三是要进一步加强对农业科技市场的宏观管理，建立健全的市场法规，规范农业科技市场的交易形式，制定优惠政策，促进农业科技商品交易，培育和发展我国的农业科技市场。

第五，充分发挥农业科技在资源开发和环境保护中的控制能力，确保农业综合生产能力的提高。

要充分挖掘农业科技在合理开发和利用农业自然资源、保护生态环境等方面的潜力，提高科学利用土地资源、解决水资源危机、科学控制生态环境污染、开展科技减灾等方面的能力。要建立农产品安全与评价预警机制。要根据农业综合生产能力不断提高的要求，建立区域性的土地、水资源和生态环境变化的长期观测点，为我国现代农业的发展提供科学依据。要大力发展节地、节水、节能、节电和具有循环经济特色的高效生态农业，促进农业资源的永续利用。

总之，农业科技工作要面向现代化农业建设，整合力量组织科技攻关，尽快推出一批突破性新品种、新技术。瞄准世界农业科技发展前沿，加强高新技术和基础研究，抢占世界农业科技制高点。深化农业科技体制改革，加强基础设施建设，提高科技创新能力，加快科技成果转化。要实施人才战略，关心农业科技人员的工作和生活，充分调动和发挥他们的积极性和创造性，不断提高我国农业科技发展水平。这样，才能在有限的资源基础上，实现农业综合生产能力的不断提高。

二、科技兴农业，必须乘“市”而上

在市场经济体系下，科技兴农又必须与市场经济紧密结合起来，才能真正达到使农业兴旺的目标。科技对农业固然重要，但绝不能远离市场。正是因为有了市场，科技兴农的成果才有可能成为真正的财富。而且抓住市场这个环节，又能进一步促进科技兴农战略的开展。

第一，市场需求是现代农业科技的发展导向。

在我国已初步建立起社会主义市场经济体制、融入国际市场的大背景之下，发展现代化农业、建设社会主义新农村，就要用现代物质条件装备农业，用现代科学技术改造农业，用现代产业体系提升农业，用现代经营形式推进农业，用现代市场理念引领农业科技，用培养新型农民发展农业。

综观世界现代化和现代农业的发展进程，就是现代装备和现代技术改造传统农业、发展生产力的过程。从发达国家的情况看，无论种植经济向畜牧经济转化，还是分散的农户经济向合作化、产业化方向转化，以及新的农业技术的使用和推广，都是在市场的拉动下产生的。正是在市场机制外在的竞争压力和内在的利益追求中，现代农业科技才能真正成为高生产率和高效益的科技。

当然，农业是弱质产业，农民是弱势群体，发展现代农业科技，既要推进市场化改革，又不能单靠市场机制。必须充分发挥政府的积极作用，借助社会各界的力量，创新农业科技发展机制，完善社会化服务体系。农业集体经济组织要推进制度创新，在充分尊重农户和其他经济组织市场主体地位的基础上，鼓励工商企业投资发展有科技含量的农产品加工和营销，并与农户形成利益共同体，实现农产品生产、加工和销售一体化，实现农业生产和产前、产后各环节的稳定结合，提高农产品的质量档次、科技含量和规模效益。同时，要切实转变政府职能，使政府管理体制由压力型体制转变为服务型体制，为发展现代化农业科技提供有效的服务和可靠的保障。

第二，市场经济是促进农民科技需求的刺激因素。

建立市场经济，对农村发展的最大推动便是扩大了商品流通领域，使农产品变成了商品，成为了真正的财富与资产。随着市场经济的发展，农产品生产已经逐步脱离了计划性的控制。放开了价格，允许自由进入市场。农民靠科技获得了更多的商品化了的农产品，增强了在市场的竞争力。农民可以根据自己付出的代价及市场的需求量来确定价格，可以比照工业产品的价格来调整农产品的市场价格，有利于改变以前农产品那种高投入、低收入的格局，并渐渐缩小工、农业产品之间价格的“剪刀差”。这样，不仅农民参与市场的积极性大大提高，而且科学种田的积极性也迅速增长。这是因为，有了市场，就希望借助科技的力量，生产出更多的农产品，而农产品产量越高、质量越好，就等于手中拥有的畅销商品越多，这样，多一分参与市场竞争的主动权，就多一分尽快富裕起来的希望。

第三，市场经济是加快科技推广的“催化剂”。

在市场上，谁都想让自己的东西成为市场的“抢手货”，卖个好价钱。这就是说，要实现产品的高价值，就必须努力提高农产品的商品化程度——借助科技，使农产品成为精品、名牌。当前农民在开展科学种田的生产实践中，对此已有一个比较清醒的认识，即认识到科技是高产优质高效的根本原因。可以这样说，市场经济促使农民对科技在农业中的应用比以往更加重视。在现实中，农民们重视科技，乃至对下乡推广科技的人员奉之为“财神”而你争我夺；对优质高产的良种视之为“财源”而四处寻求。在市场经济中，农民希望借助科技提高农业生产的商品化程度，提高农产品的含“金”量，以取得市场中的高效益。

第四，市场作为科技成果的终端承受者，是促进农民富裕的关键点。

过去，我们评价农民富裕的标准，是看其家里有多少存粮，栏里有几头肥猪，笼里有多少只鸡、鸭。而在市场经济中，这些剩余的农产品如果不参与市场流通，实现其商品价值，就不能算作富裕的标志。或者说，科技在农业发展中的巨大效益，再不仅仅是用农民的温饱度来衡量，而是要通过市场来检验。没有市场的消化，科技带来农业的巨大增长无法变为巨大的财富。中国加入 WTO 之后，农业进入市场，并不仅仅意味着农产品在国内市场的流通，还意味着农产品打进国际市场，实现农产品市场的国际化。在农产品国内国际市场融为一体的条件下，进入市场的农产品除了要接受国内消费者严格的检验和选择外，还要在国际市场上接受国外消费者严格的检验和选择。这就促使我们的农业要按国际分类标准及质量来组织生产，使我国的农产品在参与国际竞争中增加产量、提高质量，实现最大的经济效益。走到这一步，就必须把科技武装起来的农业纳入市场经济的轨道。一些地区发展了高科技农业，农、林、牧、副、渔产品的产量与质量都大大提高，但由于市场的发展没有紧跟上去，导致出现“谷贱伤农”、“果贱伤农”等不正常的现象——产量提高了，收入却降低了。因此，一些地区的党政领导人在积极推行高新农业技术的同时，也应该积极为本地的农产品找市场，为国内、国际市场开辟绿色通道。

三、科技、市场两翼齐飞

科技和市场是农业腾飞的两只翅膀，二者缺一不可。而有了这两只翅膀，农业才能迅速走出封闭，走出区域的限制，走向全国，走向世界。

那么，如何使科技与市场这两只翅膀比翼齐飞呢？

1. 用市场经济手段鼓励科技下乡，加快农业科研成果向现实生产力的转化

为了发展农业科技，过去我们做了大量的工作，由最早的乡镇农业科技员免费提供农业技术，到现在经常性的科技下乡。坦率地讲，这种方式有一定的局限性。一是由于长期以来我国的农业技术推广是无偿服务，靠国家财政拨款维持局面，这并不能提高技术人员的积极性，一些农民也因为技术来得容易——自己不

花代价或花很少的代价就可以得到某种新技术，对技术也采取不够重视的态度，致使许多技术推而不广，或者半途夭折。所以，常常是技术推行时“雷声大”，而在生产实践中起作用的是“雨点小”。二是只进行了一些科学技术普及工作。但一些技术的实际操作，尤其是高科技农业成果转化过程中的许多关键技术，不是通过几次宣传就能明了的，必须现场示范，让农民看到效果。而且大多数高科技农业成果并不是短时间就能看到效果，有一个比较长的时间过程。所以，科技下乡不光是隔三差五地去作作宣传、送送科技资料，更多的是带着高新农业科技成果去实地证明给农民看。农民是讲实在的，如果不是亲眼看到科技确实能在自己的土地上实现农作物的优质高效高产，他们是不会踊跃地采用新技术，那么，科技成果再高超，也推广不开。

要加大科技下乡的力度，应该改变科技下乡的方式，加以必要的市场经济手段。早先的一些农业科技推广活动中，有些还采取比较强硬的行政手段，但进展缓慢，就是没有让农业技术进入市场。但曾有一个时期，一些乡镇农业科技员与当地农民搞技术承包，即用合同的方式承担科技风险，却能使某种新产品、新技术迅速风行起来。这不仅因为让农民在自己的土地上看到了实效，还因为这种技术承包是使用的市场经济手段，双方都有积极性。今后应该更多地采取市场经济手段激励农业科学家，到广大的农村土地上去转化自己的科技成果，实现其知识产权的市场价值。这样，既为广大农民提供了新技术，也在提供过程中大获其益。

2. 开拓农村大市场，把农业科技推向大市场

开拓农村大市场不仅是农村消费的需要，对农业的发展也将起着不同寻常的推动作用。如果说实现联产承包责任制是农村经济的第一次起飞，农村市场的建立，则可以实现农村经济的第二次起飞。因为，建立起农村市场经济，就建立了一个农村商品经济发展的新框架，既保证农业生产与流通的一体化，又为因农业生产力解放而出现的过剩的劳动力找到出路。有的农民就这样说，建一个市场，兴一片产业，富一方百姓，活一方经济，兴一座集镇。而随着农村大市场的开拓，将成就成千上万的"农民商人"。这些"农民商人"摆脱了"守土为安"的传统观念束缚，勇敢地投身市场经济大潮。他们活跃的舞台不仅仅在大城市，农村大市场更成为他们充分显示才能的大舞台。可以说，农民闯市场，最佳选择是农村大市场。在农村大市场，农民手中拥有丰富的商品资源。山里有山珍，海里有海味，有四季不断的青菜、水果，得其天时、地利、人和，成功的把握更大。

农村大市场的开拓，也为农业科技市场化提供了一条最佳途径，在建立农产品商品大市场的同时，也要尽快建立农村科技星火市场。这个科技星火市场至少包括四个子市场：一是技术的买卖双方传递信息的信息市场；二是想办法为技术找买主、为买主找技术的技术交易市场；三是对某些比较容易传授的技术或技术

诀窍，中介方可从发明者手里买过来再卖出去的转手贸易市场；四是把有关技术集中起来，形成系列再推广的集中配套市场。有了科技星火市场，农业科技成果将得到更快的转化。

3. 建立市场销售网络，努力使本地的农产品成为有影响力的品牌

如果说过去政府舍得花本钱、花精力在农业科技，那么现在一定要用同样的气力去为农民的产品找销路。要通过各种途径，建立起农产品的销售网络。如果说我们为科技兴农做了大量的努力，为建立农村大市场做了大量的努力，但是没有畅通的流通渠道，农业的发展仍然会受阻。要想使农业成为外向型农业，必须采取企业经营的方式，把本地的特色农业产品变成市场上的知名品牌，并采取工业产品销售的方式，实现“订单农业”，这方面在不少农村已经有成功的例子，还应该坚持下去。还可以像一些企业在各地建立经销点一样，设立相应的经营网点，可随时提供市场需求的信息，随时联系当地的客户，根据市场的需要进行生产。否则生产得越多，积压得越多，损失越大。另外，还可以创造条件进入期货市场，在更广泛的销售网络里推出本地的农产品。这一点，国外十分普遍，且农产品的期货市场还十分活跃。

4. 加快农业科技产品市场体系建设

第一，加快农业科技产品市场改造步伐。

一是要在农业科技产品批发市场组织实施升级拓展工程。推进10个方面的基础设施建设，即市场地面硬化、水电道路系统改造、交易厅棚改扩建、储藏保鲜设施、加工分选及包装设施、客户生活服务设施、市场信息收集发布系统、市场管理信息化系统、质量安全检测系统、卫生保洁设施。拓展10个方面的业务功能，即实行场地挂钩、开展加工配送、监管质量安全、推进规范包装、强化信息服务、发展现代流通、壮大市场主体、开拓对外贸易、维护安全交易、完善公共服务。

二是要积极改造农贸市场。实行退路进厅，取消马路市场，建设场所相对固定的大厅式交易市场，完善场地、道路、水电、垃圾处理等必要设施。继续在有条件的地方积极推行“农改超”，提升市场档次。大力发展社区便利店，建立新型农业科技产品零售网络。

第二，发展农业科技产品现代流通方式。

一是要发展农业科技产品的连锁经营模式。引导农业产业化龙头企业、批发市场和大型农业科技产品流通企业发展农业科技产品的连锁经营模式，建立新型、高效的农业科技产品营销网络。支持建立一批跨区域的大型农业科技产品物流配送中心，提高农业科技产品集中采购、统一配送的能力。鼓励农民专业合作经济组织在城市建立农业科技产品品牌直销连锁店。

二是要发展农业科技产品的电子商务。建立大型农业网站，强化农业科技产品市场信息收集发布。积极创造条件建立网上交易平台，探索开展农业科技产品电子商务。完善农业网上展厅，扩大农业科技产品网上宣传、推介力度。

三是要发展农业科技产品的期货市场。为了稳步推动农业科技产品期货市场发展，应选择条件成熟的品种及时组织上市交易，增加农业科技产品期货交易品种。加强期货市场资源的开发利用，扩大影响面，延伸服务范围，使更多农业科技产品生产、加工、贸易企业和农民能够参与期货市场的活动，维护自身利益。

第三，培育壮大市场主体。

积极培育、壮大农业科技产品经纪人队伍，围绕农业科技产品流通政策，运销、储藏、加工技术，质量安全知识与法规，农业科技等内容开展农业科技产品经纪人培训，向农业科技产品经纪人提供市场信息服务，帮助他们提高素质，增强市场开拓能力。积极引导农民营销合作组织发展，鼓励运销大户、农业科技产品加工和流通企业领办营销合作组织，提高农民参与农业科技产品流通的组织化程度，增强市场竞争力。

第四，推进农业科技产品分等分级和包装上市。

要加快制定全国统一的农业科技产品分等分级标准，积极宣传农业科技产品分等分级知识，鼓励农民和经销商按统一标准对农业科技产品进行分等分级，实行规格化包装，提升农业科技产品整体形象。积极引导在农业科技产品集中产区和产地的批发市场，建立农业科技产品分选、包装设施，为农业科技产品产后分等分级和包装提供条件。

第五，加强农业科技产品营销促销服务。

要积极利用国际贸易规则，加大对农业科技产品营销促销服务的支持力度，加快建立和完善农业科技产品营销促销服务平台，为农业科技产品生产经营者、加工贸易企业提供形式多样的营销促销服务。进一步充实、完善农业科技产品网上展厅，利用互联网全面展示和推介我国优质、安全、特色的农产品，为沟通产销信息创造条件。加强农业科技产品营销促销公益广告宣传，提高我国农业科技产品的声誉，扩大市场影响。组织大型农业科技产品展会，增强展会的品牌影响，推动农业交流，促进农业科技产品贸易。支持国内农业企业实施“走出去”战略，积极参加国外大型农业科技产品博览会，扩大我国农业科技产品的国际影响，不断开拓国际农业科技产品市场。

5. 完善农村科技特派员制度，促使其与农民结成利益共同体

科技特派员是建设社会主义新农村的一支生力军。科技特派员组织开展科技培训，为培育和造就“有文化、懂技术、会经营”的新型农民，把农村巨大的人口压力转化为人力资源优势，活跃农村经济做出了积极贡献；科技特派员制度是一个开放的制度，它实现了科技资源和科技人才跨地区、跨行业、跨学科的流动，并按照市场经济规律优化配置和重新整合；把资金、技术、信息、管理等生产要素有效地配置到农业生产体系中，与农民结

成利益共同体，使现代管理制度与市场流通紧密结合；应用高新技术改造传统农业，培育了新的经济增长点，推动了农村技术市场和资本市场的初步发展，增加了农业的科技含量，加快了产业化进程，带动了新的社会化分工与协作，有力地促进了传统农业向现代化农业转变；科技特派员制度不仅提高了科技人员的积极性和创造性，而且促进了科研院所的改革，在一定程度上突破了旧有的体制性障碍，形成了一种新的发展模式和运行机制，在社会主义市场经济条件下，为科技人员服务“三农”探索出一条新路。科技特派员与农民结成利益共同体，开展科技培训，提供致富信息，共担市场风险，共享创业成果，把科学技术的恩惠洒向农村，使农业科技成果惠及广大群众。不仅有益于先进、实用的农业科技成果直接地、大面积地为农业增产、农民增收服务，而且对维护农村社会稳定、构建和谐社会具有深远的意义。

第一，不断创新和完善科技特派员试点工作的运行机制和发展模式。要充分发挥市场机制的作用，不断创新和完善科技特派员试点工作的运行机制，一是要建立利益共享与风险共担、激励与约束相结合等多元化、开放式、充满活力的机制，激活科技资源，更加注重技术服务的长效性和实效性。二是要坚持政府引导与市场主导相结合、公益性服务与经营性服务相结合、科技人员服务与乡土自身人才服务相结合、科技服务与其他服务相结合，以多种形式为企业、农村和农民提供技术和信息服务，从根本上解决过去农业技术服务体系中存在的科技与生产脱节问题。丰富、完善和创新科技特派员的发展模式，加强科技特派员工作的体系建设。三是不仅要强调农业技术的引入和推广，更要注重把技术与信息、人才、资金等各种要素有机结合起来；不仅要强调生产环节的服务，更要注重把服务内容向产前、产后延伸，由单一的技术服务向综合性服务转变。四是加强科技特派员队伍建设，吸引更多具有创新、创业精神及高度社会责任感的科技人员投身到这项事业中来，建设一支综合素质高、科技实力强的农村科技服务团队。

第二，完善政策、加大投入，为科技特派员试点工作创造良好的环境。要营造稳定的政策环境，建立科学的管理制度，进一步完善利益机制、激励机制和监督机制，为科技特派员试点工作提供有力的保障措施和良好的环境条件。要把懂技术、善经营、肯吃苦的同志选派到科技特派员试点工作岗位上，形成一支富有战斗力的科技特派员队伍。要为科技特派员解除工作和生活上的后顾之忧，使优秀科技人才下得去、留得住，充分发挥聪明才智，成为社会主义新农村建设的中坚力量。要进一步增加投入，保障这项工作的持续发展。各级政府要从建设社会主义新农村的实际需要出发，坚持“多予、少取、放活”的方针，千方百计加大投入力度。要设立相应的专项引导经费，注重引导企业和社会增加投入，建立和健全多元化的科技特派员投入体系，加强科技特派员工作的基础设施和服务能力建设。同时，要严格规范科技经费的使用和管理，提高资金使用效率。

第三，加强领导、因地制宜、扎实推进。科技特派员制度的推广需要各方面的支持，需要政府的大力推动。必须切实发挥政府的宏观协调和组织职能，整合政府和社会各方资源，为科技特派员提供创新、创业平台，创造良好环境，积极探索出一条适应现代农业发展需要、可持续发展的社会化科技服务创新体系。要根据各地的实际情况，精心挑选特派员，精心挑选项目，精心组织安排，积极稳妥地推动这项工作。要探索建立一套较为系统科学的科技特派员工作绩效评估指标体系，以农民是否欢迎、是否满意、是否受益为基本标准，对工作成绩突出的科技特派员给予表彰和奖励。要尊重农民群众的意愿，因地制宜，分类指导，有计划、分步骤地在全国范围内推进科技特派员试点工作，使科技特派员试点工作扎实、健康发展，并取得实实在在的成效。

第四章

农业结构调整：立好三根产业柱子

现在世界各国通常把产业划分为三大类：第一产业、第二产业和第三产业。第一产业包括农业、林业、牧业和渔业；第二产业包括制造业、采掘业、建筑业和公共工程、上下水道、煤气、卫生部门；第三产业包括商业、金融业、保险业、不动产业、运输业、通信业、服务业及其他非物质生产部门。第一产业是基础，第二产业是龙头，第三产业是一个国家发达与否的重要标志。第一产业的基础性地位绝不能动摇，只有加快现代农业结构调整，立好三根产业柱子，农村改革发展才能稳步推进。

一、农业结构现状及调整目标与措施

农业结构是指农业经济中诸要素、诸方面的构成情况与数量比例。主要包括农业经济关系结构与农业生产力结构。前者包括经济形式结构和再生产过程中的生产、分配、交换、消费关系结构；后者包括农业部门结构、农业技术结构、农业区域结构等。此外，农业结构按集约化程度可划分为粗放型结构与密集型结构等；按商品化程度可划分为自给型、半自给型、商品型经济结构等。

1. 农业结构现状

改革开放以来，我国的农业结构发生了可喜的变化，这种变化主要表现在以下三个方面：

一是种植业单一结构状况有所改善。从1978年以来，种植业比重不断下降，林、牧、渔业比重明显上升。与此同时，种植业内部，粮食作物的播种面积和产值呈递减趋势，而经济作物和其他高价值作物的比重明显上升。农业结构的进一步合理化，使得生产力焕发出了新的生命力，农业生产得到很大提高，粮食生产连上台阶，畜产品、水产品产量成倍增加。1984年我国首先突破粮食供给的总量大关，之后是粮食消费以粗粮为主转变为以细粮为主，油、肉、禽、蛋、鱼、奶、果、菜的消费大幅度增加，农业各部门产值大幅度提高。

二是农业区域布局发生变化。长期以来的“大而全、小而全”的生产格局开始被打破，主要农产品逐步向优势产区集中，农业区域化、专业化分工的趋势已逐步明显。黄河中下游适宜小麦种植的地区，如河北、山东、河南、陕西、山西5省的种植面积，在2000年就占到全国的52%，而长江流域、东北地区的小麦种植面积大幅压缩；长江流域油菜种植面积占全国的70%左右；河北、河南、山东3省的牛肉产量占到全国的41%。一些各具特色、各显优势的作物带、产业带逐步形成。

三是第二、第三产业有了一定的发展。自20世纪80年代崛起的乡镇企业，为改善农业产业结构、转移劳动力起到了极大的作用，特别是乡镇企业中的农产品加工企业，为提升农产品的价值方面作出了较大的贡献。据统计，乡镇企业增加速度每增减3个百分点，会影响我国国内生产总值2个百分点；乡镇企业工业增加值每增减2个百分点，会影响全国工业增加值1个百分点。乡镇企业已是一个关系我国国民经济全局的重要问题，是农民非农就业的主渠道。

应该说，农业结构的变化，为农村经济带来了活力，也为农业产业化、市场化创造了较好的条件。但是，由于我国是个农业大国，农业结构存在的问题是一个历史积累的问题，尽管不断调整，仍然很难适应整个国家经济发展的要求。据研究表明，自20世纪90年代中期开始，农民实际收入水平难以提高，一方面是由农业结构不合理造成的；另一方面是因为农业结构不能适应变化了的市场需求和对外开放，导致农民收入增幅持续徘徊不前。

目前我国农业结构存在的问题，仍然是过去产业结构调整不到位而遗留下来的问题。主要是：种植业比重仍然偏高且下降速度缓慢；林、牧、渔、副业比重偏低且增长缓慢；区域布局不合理；农村第二、第三产业，特别是农产品加工业发展不充分。

2. 农业结构调整目标

新时期农业结构调整的重点主要表现在以下四个方面：

一是包括粮、棉、油在内的种植业结构的调整。要在确保粮食安全的前提下，适当调减粮棉种植面积，突出名、优、特、稀，重点发展无公害、绿色、有机蔬菜和瓜果类，增加出口。

二是包括农、林、牧、副、渔在内的农业结构调整。要形成适宜的规模经营，进行工业化生产，在提高质量的同时提高劳动生产率。

三是包括加工业在内的农村经济结构调整。要大力发展农产品加工业，延伸农业产业链，有效地提高农产品的附加值，增加农民的收入，提高农业的整体效益和竞争能力。

四是加快农业区域布局的结构调整，发挥地域的比较优势。根据农业生产成本中的物质成本、人力成本、土地成本的高低，来判断同一产品在不同地区的比较优势。以此作为农业结构调整的依据，要因地制宜、突出特点，在各个地区着手调整农业区域结构。

农业结构调整，不是独立的经济行为，也不是单纯解决种什么不种什么的问题，也不是发展什么产业不发展什么产业的问题，而是必须形成与产业结构相适应的动力机制，才能保证经过调整的产业实现最大效益化。而能促进农业结构调整产生最大效益的动力机制，便是产业化、市场化与科技化。

3. 农业结构调整措施

农业结构调整的措施主要有以下四个方面：

第一，因地制宜，合理调整农业区域布局。

推进农业区域化，是建设现代农业、提高农产品竞争力和农业综合生产能力的重要举措。由于各地土地自然资源条件、资本投入、技术服务、气候条件等不同，只有充分考虑本地的比较优势，增加具有资源特色的农产品的生产，才能在全国范围内形成各具特色的区域农业，减少或避免不同地区农业结构的趋同化。近几年来，各级农业部门大力推进优势农产品区域布局规划的实施，我国优势农产品产业带建设取得重要进展。一是进一步加大优势农产品区域布局的实施力度。以资源为基础，以市场为导向，以科技为动力，以建设为手段，明确主导品种，建设生产基地，培育名优品牌，打造支柱产业，加快农业区域化进程。继续推进优势农产品产业带建设，完善和细化布局规划及其实施方案，着力构建主要优势农产品产业带，重点加快粮食主要品种的优势产业带建设，加快推进优势畜产品产业带建设，加快沿海沿江的优势水产品产业带建设。二是进一步优化农业产业布局。东部地区和大中城市郊区要发挥地域优势，加快建设现代农业，大力发展城郊型和外向型农业。中部地区做大做强粮食产业，大力发展农区畜牧业。西部地区加强草原保护和生态环境建设，转变牲畜养殖方式。热带和亚热带地区进一步提升热带作物产业的国际竞争力。三是进一步加快发展特色农业。立足自然资源优势和现有生产基础，因地制宜，适应市场，依靠科技，培育名牌产品，突出区域特色、品质特色、功能特色，满足市场多样化和优质化的需求，尽快形成特色农业产业体系。

第二，以市场为导向，大力推进农产品优质化。

拓宽农产品和农民进入市场的通道，是发展现代农业的必经之路。市场化程度决定着农民收入增长的速度，也决定着农业发展的速度，提高农产品市场化水平，关键是提高农产品竞争力，走“特色、规模、集约”之路。一是突出特色。从某种意义上说，农业农村经济就是特色经济，没有特色就没有市场，就没有生命力和竞争力。因此，在现代农业生产中，一定要适应市场变化，体现产品个性，形成区域特色。依托本地资源优势、传统优势和技术人才优势，建设一批区域特色明显的种、养、加工基地，培养一批小产品、大群体，小商品、大市场的特色产业群、产业带。针对农产品质量低的现状，大力推广普及优良品种，淘汰劣质品种，加快传统低效产品的更新换代，用质量型农业代替数量型农业，实现优质、高效。要适应国际国内市场需求，加快农产品质量标准体系和质量检验检测体系建设，创办一批挂牌的、获得市场认可的无公害生产基地、绿色食品基地、放心菜基地、专营出口基地，创办颇具地方特色的精品农业和标准农业，打造农产品品牌。二是规模生产。规模决定效益，效益体现规模。我们应以科技为动力，以龙头企业为主体，整合各种资源，调整农业区域结构，逐步建设带动力强、辐射面广的农业生产基地。三是集约经营。随着农产品市场的不断变化，分散的单个农户和大市场之间的矛盾日益突出，一家一户的小生产难以抵御自然风险和市场风险，容易导致再生产的中断，出现一哄而上或一哄而下的局面。改变单个农民作为市场主体在竞争中被动的弱势地位，关键要建立产业合作协会、农民合作协会等农村合作经济组织，提高农民组织化程度，使千家万户的分散经营与千变万化的大市场成功对接，改变一家一户经营规模小、信息不对称、科技投入低、自身素质低、谈判地位差的局面，发挥合作经济组织开展技术、信息、生产、销售等多方面服务的职能，联系农民与市场、农民与龙头企业纽带的职能，以及保护农民利益的职能。逐步实现农产品优质化，农业产业结构向合理化、多样化、高级化方向转化，满足人们生活不断改善和食品多样化的需求，确立以提高农业经济效益为中心的产业结构。

第三，发展现代农业，适度扩大经营规模。

从农业生产函数来看，生产方式、资金投入、技术水平、劳动力的素质和土地状况共同决定农业资源利用的产出水平，也就决定了农业资源的利用效率。其中土地涵盖了土地资源、水资源、生物资源、环境资源和气候资源，属于农业自然资源范畴；技术水平包括生产技术、管理技术、信息等，属于社会资源范畴；劳动力素质包括农业劳动力的身体素质和智力素质。因此，农业资源有效利用率既受宏观因素的影响也受微观因素的影响。而农业生产函数是由农业生产方式决定的，所以，对农业生产方式的选择从根本上决定了农业资源的利用效率。

提高土地产出率、资源利用率、劳动生产率的根本出路在于扩大经营规模，即扩大种植与养殖的规模，以机械为主的作业替代以人畜力为主的作业。目前，我国的农业仍然是规模狭小的小农经济，尽管推广优良品种，提高农产品质量，推进农业产业化经营，能够增加一定的经济效益，但难以从根本上提高农业劳动生产率。为此，一方面需要通过建立健全的农业合作组织、政府及民间的服务组织，为农民提供全方位的社会化服务，增加规模效益；另一方面则需要转移农业多余劳动力到非农产业，为扩大经营规模创造条件。因此，在具备条件的地方，在农民自愿互利的原则下，促进土地使用权的流转就十分必要。目前存在的问题是，一方面土地流失现象十分严重；另一方面农民承包土地的使用权流转进展十分缓慢。因此，在逐步推进农村社会保障扩大覆盖面的过程中，依法有序地促进土地使用权的流转，形成适度的经营规模，从而从根本上提高农业劳动生产率和增加农民收入已成为建设现代农业十分必要与紧迫的任务。

第四，与城镇化建设、转移农村劳动力、土地使用制度创新紧密结合。

推进农业结构战略性调整应与城镇化建设、转移农村劳动力、土地使用制度创新紧密结合，进一步完善土地流转制度，搞活土地经营权，发展规模化生产，提高规模经济效益。要加强新型农业社会化服务体系建设，积极发展各种形式的农民专业合作社，培育农民自己的市场运销组织，解决农户分散经营与大市场的矛盾，帮助千家万户进入市场。推进农业结构战略性调整，要以统筹城乡经济社会发展的思路，认真贯彻“工业反哺农业、城市支援农村”的方针，切实加强对农业的支持和保护力度。要充分发挥市场机制的作用，根据市场供求变化，运用价格等经济杠杆，通过调整产业政策和发布信息等手段，适时进行宏观调控，实现总量平衡。

广大农民是调整优化农业结构的主体，在推进农业结构调整中应切实尊重农民的自主经营、自负盈亏的市场主体地位，把自主权真正交给农民，让农民按照市场导向自己做出选择，坚决防止行政命令、“一刀切”的行为。各级政府和有关部门在推进农业结构调整中应发挥引导和服务的作用。“引导”就是要帮助农民树立市场观念、竞争观念、效益观念，根据市场需求来调节生产和供应；鼓励农民提高素质，运用各种先进技术，改变过去广种薄收、粗放经营的生产模式，逐步实现农业的集约化、规模化、产业化经营。“服务”就是建立健全农产品市场信息体系、农产品质量安全体系、农业科技推广体系等，加强政策服务、信息服务、技术服务、市场服务，创造宽松的发展环境，引导和支持农业结构调整顺利进行。

二、吃饭是第一件大事，放松不得

世界的各个文明都起源于农业。粮食在人类社会生活中占有极其重要的地位，这是因为粮食是人类赖以生存的最基本的生活必需品，是人们从事其他一切活动的前提。正因为如此，人们投入大量的资源用于粮食生产，并且随着社会的进步，不断改进获得粮食的工具、技术和生产方式。可以说，人类社会的历史，首先是一部如何解决吃饭问题的历史。粮食始终是经济发展、社会稳定和国家自立的基础，任何时候都不能出现闪失。

粮食安全是指一个国家或地区持续获得粮食的能力，并保证该国家或地区任何地方的任何人都能够得到为了生存和健康所需要的粮食。联合国粮农组织1974年11月在罗马的第一次世界粮食首脑会议上首次提出“粮食安全”的问题。1996年第二次世界粮食首脑会议对粮食安全概念做出新的表述：让所有的人在任何时候都能享有充足的粮食，过上健康、富有朝气的生活。

1. 粮食安全，心中不慌

俗话说：“手中有粮，心中不慌”，现在这句话得改成“粮食安全，心中才不慌”。粮食安全问题不单是一个经济问题，同时也是一个影响社会稳定、关系国计民生的政治问题。1982 年，邓小平在总结我国经济建设的历史经验时说："不管天下发生什么事，只要人民吃饱肚子，一切就好办了。"党和政府一直把保障中国粮食安全摆在重要的战略地位。新形势下，我国粮食安全的内外环境发生了变化，因此，有必要在新的背景、新的形势下进一步认识保障我国粮食安全的战略意义。

第一，保障粮食安全有利于农民增收。在价格比较稳定的条件下，粮食产量增长必然会导致农民收入增长，正反两方面的经验教训也证明了这一点。在我国广大农村尤其是粮食主产区农村，农业经营收入主要来源于粮食生产，国家保障粮食安全的政策措施越全面、越完善、越优惠，粮农的生产积极性就越高涨，农民增收就越有保障；同时，农民生产粮食的积极性充分调动起来了，又可以从根本上保障我国的粮食安全。

第二，保障粮食安全有利于推进新农村建设。建设新农村是全面解决"三农"问题的根本，建设新农村的五大目标中的第一个目标就是"生产发展"，只有农村的生产发展了，才能建立起雄厚的建设新农村的物质基础。农村的"生产发展"具体来说应包括三大产业的发展，而首先又是农业生产的发展，农业生产中积极发展粮食生产是核心。粮食生产发展了，供应充足了，且农民增收了，才有资金与精力从事其他产业，才能夯实新农村建设的经济基础。因此，在新农村建设中，绝不能忽视农业，更不能放松粮食生产，要始终把发展粮食生产、保障粮食安全放在首位。

第三，保障粮食安全有利于保证国民经济持续、快速、健康发展。农业是国民经济的基础，而粮食生产又是农业的基础。国内外历史经验证明，一个国家经济的波动，首先是农业生产的波动，而农业生产的波动中首先又是粮食生产的波动。因为粮食生产发展了，粮食充足了，一方面可以保证人们有足够的食物，有充足的精力从事各种生产活动；另一方面可以保证市场物价的稳定，经济的平衡发展；再一方面可以保证相关工业所需原材料的供应，从而促进国民经济各部门协调发展。

第四，保障粮食安全有利于社会稳定及构建和谐社会。《汉书》言“王以民为天，民以食为天”，这是古人对粮食重要性的高度概括。今天，粮食更是重要的战略物资，对一个国家来说，更为重要。只有粮食充足了，每个人都有饭吃，人们才会安居乐业，社会才会稳定。所以，粮食又是社会赖以稳定的基础。粮食安全的一个重要内容就是要保障弱势群体的粮食供给。弱势群体食物供给的不安全，不仅会导致社会的不和谐，而且还会威胁到社会的稳定，因此政府应实行粮食救济措施，满足其基本需要。所以，为了满足人民的第一生活需要，保证社会稳定，为了保证弱势群体的基本生活，构建和谐社会，就必须保障粮食安全。

2. 当前国内外粮食安全的形势

自2006年9月开始，特别是从2007年以来，世界主要粮食品种价格飙涨：小麦价格飞涨112.0%；玉米猛增47.3%；大米上扬3.1%。小麦和玉米的价格达到近10年来的最高价位。有观察家警告，在今后一两年内，全球仍可能面临“粮食价格上涨”的严峻形势。路透社商品研究所数据显示，粮食和油料种子价格指数自1971年以来呈上升趋势，目前处于新一轮上涨周期的爬坡阶段。加之金融、商业投机热炒，美元持续疲软，国际粮价在中期内仍将上行。未来因全球气温上升，旱灾和洪灾风险增大，粮食产量下降的可能性增大。国际谷物理事会发布报告，全球粮食库存量逐年递减，2005—2006、2006—2007与2007—2008年度分别为3.16亿吨、2.63亿吨与2.55亿吨。世界粮食虽然已不安全，但是尚未达到危急的程度。当前的粮食紧张形势源于高粮价导致的恐慌，而非粮食短缺。2000—2006年粮食持续减产，粮价自2006年下半年持续上涨，不断突破历史高位，国际市场一片恐慌。各国为保障本国粮食供应及控制通胀，纷纷出台限制出口、鼓励进口的关税措施。世界粮食库存已降至新低，仅能满足54天全球消费。但是，衡量粮食安全的储存—消费比例2006—2007年度为20.7%，预计2007—2008年度为19.2%，均高于18%的安全警戒线。

新中国成立以来，尤其是改革开放以来，粮食生产取得长足进步。在惠农政策的强有力推动下，中国的粮食生产实现了产量和效益同步提升，但从长期看，粮价高涨及因城镇化进程的加快，口粮和饲料的需求增长刚性，我国粮食形势不容乐观。一些研究表明，中国正达到一个临界点，即目前粮食产量的增长并不能带来粮价的下跌，除非产量能有大幅增长，否则当地的食品需求将无法得到满足，食品价格也将不可避免地大幅上涨。经济高速增长，城乡居民收入明显提高，消费结构不断升级，粮食需求逐步增长，肉蛋奶、植物油、瓜果菜等需求快速增加。但是，过去10年，工业化与城镇化使中国耕地面积从19.51亿亩锐减至18.27亿亩，人均耕地面积不到世界平均水平的40%，且中低产田占总面积的2/3以上。农民离农现象仍在持续，大量过去的农产品生产者变成了现在的农产品消费者，拉动粮食消费总量和商品量的持续增长。粮食也是水资源密集产品，但是中国人均占有水资源仅为世界平均水平的1/4，且约80%以上分布在长江流域及其以南地区，作为粮食主产区的华北平原，人均水资源占有量不足500立方米。受农业投入不足、科技贡献率不高、生产比较效益低等因素的制约，提高农业综合生产能力任务十分艰巨。这些因素严重制约着中国粮食的生产，进而制约着粮食的总供给。

这一轮全球性粮价大涨，迅速而广泛地引发中国政府与民众的关注。温家宝总理说："粮食始终是经济发展、社会稳定和国家自立的基础，任何时候都不能出现闪失。"

3. 确保国家粮食安全的措施

粮食安全关系着国民经济发展和社会稳定的全局，党中央、国务院始终高度重视，并把这项工作摆在突出的位置。必须立足于基本靠国内保障供给，加大政策和投入的支持力度，依靠科技进步，提高粮食综合生产能力，加快构建适应社会主义市场经济发展要求、符合我国国情的粮食安全保障体系。要通过实施《国家粮食安全中长期规划纲要》，使粮食自给率稳定在95%以上，2010年粮食综合生产能力稳定在1万亿斤以上，2020年达到10800亿斤以上。

实现这个目标，必须下大的决心，有大的举措：一是坚持家庭承包经营责任制长期稳定不变，推进农业经营体制机制的创新。二是采取强有力的措施保护耕地，不能有丝毫松懈。全国耕地保有量不低于18亿亩，基本农田不低于15.6亿亩。三是下大力气加强农业基础设施建设，特别是农田水利建设，稳步提高耕地基础地力和产出能力。四是努力增加农民收入。国家财政支出重点向农村倾斜，逐步理顺粮食价格，逐年较大幅度增加对农民的种粮补贴。五是强化科技支撑，大力推进农业关键技术研究，着力提高粮食单产，力争有大的突破。六是继续深化粮食流通体制改革，健全粮食市场体系，加强粮食物流体系建设。七是完善粮食储备体系，优化储备布局和品种结构，健全储备粮调控机制。八是健全农业服务体系，加大金融对农村、农业的支持力度。九是引导科学、节约用粮，在全社会形成爱惜粮食、反对浪费的良好风尚。

土地是财富之母，更是粮食生产之根基。因此，要以法律的手段，切实保护珍贵的耕地资源，绝不允许肆意侵占良田，绝不允许耕地撂荒现象蔓延。无论是国家大型建设项目，还是村镇兴建，都要依法办事，绝不能冲破保护耕地的红线，因为耕地一旦被破坏便很难再生。珍惜耕地资源，就是珍惜粮食生产，就是珍惜国家命运，就是珍惜民生之本。关爱农民，节约粮食，这是应对世界粮食危机的良方。中国虽地大物博，但真正的宜农耕地并不多，加之20多年来摊大饼式的城镇化，粗放式的工业化，盲目的开发区建设都导致耕地锐减。因此，必须严格执行土地利用总体规划和年度计划，全面落实耕地保护责任制，建立和完善土地违法违规案件查处协调机制，切实控制建设占用耕地和林地。土地出让收入用于农村的投入，要重点支持基本农田整理、灾毁复垦和耕地质量建设。继续增加投入，加大力度改造中低产田。加快沃土工程实施步伐，扩大测土配方施肥规模。支持农民秸秆还田、种植绿肥、增施有机肥。加快实施旱作农业示范工程，建设一批旱作节水示范区。此外，土地的低效利用也是限制粮食生产的重要因素，必须通过进一步的土地产权改革，加大产权的保护力度，来促进土地的规模化经营，提高土地利用效率。粮食生产，耕地为本。实行世界上最严格的耕地保护制度，改变粗放用地积弊，遏制土地违法，是确保我国粮食安全的物质基础。

中国的农业问题，中国的粮食问题，中国十几亿人口的吃饭问题，一直是中国和全世界非常关心的问题。如何解决十几亿人口的吃饭问题，始终是今后各届政府首要的、基本的任务。粮食稳，天下稳。粮食是关系国计民生的重大战略物资，确保粮食安全和促进农民增收，是农业和农村经济发展的两大主题，是我国经济发展和社会稳定的基石，也是国家经济安全的战略安排。稳定发展粮食生产，要正确处理好“三个关系”，抓好“四个关键”，坚持“一个根本”。

三个关系：一是处理好政府调控与市场取向的关系。粮食具有社会属性和商品属性双重性质，既不能任由产量上下波动，也不能统死，必须坚持两手抓：一手抓市场的基础性作用，一手抓政府的支持保护和宏观调控。二是处理好粮食供给总量与生产能力的关系。粮食作为事关国计民生的战略性产品，供给总量必须保持在相对稳定的范围内，绝不能因个别年份的丰歉而单纯强调压粮或扩粮。三是处理好粮食安全与农业结构调整和农民增收的关系。粮食安全事关政治经济发展全局，深入推进农业结构调整是新阶段农业和农村经济发展的主线，是农民增收的重要途径。实现粮食安全和农民增收的目标，既不能再走单纯靠扩大粮食种植面积增加产量的老路，也不能重蹈前几年结构调整片面强调压粮扩经的覆辙。

四个关键：一是调动和保护农民种粮积极性。要充分尊重农民的土地权利，保持粮食市场合理的价格，加强政府对粮食生产的支持保护，保障农民的利益。二是切实保护耕地，加强粮食综合生产能力建设，包括耕地保护能力、生产技术能力、政策保障能力、科技服务能力和抵御自然灾害能力。三是依靠科技进步，推进粮食增长方式的转变，为此，要加快推进以良种培育、良法栽培和防灾减灾为重点的科研攻关与推广，加快构建以主导品种、主推技术、主体培训为载体的推广示范工作机制，加快拓展以粮食作物机耕、机播、机收为关键环节的农业机械化发展领域，把科技渗透到粮食生产的每个关键环节之中。四是延伸产业链条，提高粮食生产的比较效益，把粮食生产、转化、加工、流通等各个环节紧密连接起来，形成一个完整的产业体系，提高粮食附加值，增强粮食产业的市场竞争力。为此，一要优化品种结构，加快优质专用品种的开发，引导农民发展符合加工经营要求的专用品种，并按无公害、标准化技术规范进行生产；二要加快规模化生产基地建设，提高优质专用粮食生产的聚集度，为标准化、规范化生产和新品种、新技术推广创造条件，同时提高生产批量，使加工经营龙头企业有稳定可靠的原料来源；三要运用市场运作机制，引导发展龙头企业加农户、中介组织加农户、行业协会加农户等经营形式，推行“订单农业”，延伸产业链条，使农民在生产、加工、流通等各个环节都能分享利益，得到实惠，进一步调动粮食生产者的积极性。

一个根本：就是建立保障粮食生产的长效机制。保障粮食生产的长效机制包括：耕地资源保护和有效利用的长效机制、科技支撑的长效机制、粮食生产基础设施投入的长效机制、保护主产区和种粮农民积极性的长效机制、粮食生产抗风险能力的长效机制。

粮食问题关系到国家的稳定，关系到人民的安康，是一件永远不能忽视的大事，应保障粮食等主要农产品有效供给。从政策取向上看，要处理好国家要保障粮食安全、地方政府要保障财政收入、农民要保障种粮效益的关系；处理好居民消费者利益与农民利益关系；处理好主产区和主销区关系；处理好当前和长远关系；在土地流转中处理好国家粮食安全利益、农民土地权益和经营者收益关系。从工作安排上看，保证国家粮食安全，前提是稳定面积，根本出路是提高单产。稳定发展水产养殖，重点在发展健康养殖，优化结构、提高质量，保护环境、养护资源。积极发展油料生产，关键是稳定收益，要在处理好粮油关系基础上，着力恢复种植面积、提高单产，努力提高自给率。稳定发展蔬菜生产，重点是要提高质量，推行标准化生产，科学布局，克服季节性市场和价格波动，加强大中城市菜篮子基地建设。落实这些部署，核心是提高农民收入，调动农民积极性和主产区积极性。

粮食安全在任何时候都不能放松，要加快构建供给稳定、储备充足、调控有力、运转高效的粮食安全保障体系。一是完善粮食储备体系。面对粮食市场的全面开放、粮食市场的多元化，必须建立高效灵活的粮食储备调节体系，以加强对市场的调控。二是建立新型的购销机制，充分发挥国有粮食购销主渠道作用。近年来，通过深化国有粮食购销企业改革，落实各项优惠政策，使粮食购销企业卸掉了“包袱”，增强了发展的动力与活力。三是加强粮油加工体系。没有完善的粮油加工体系，应急状态下就不能保证正常的粮油供应，直接影响社会的稳定，威胁粮食安全。因此，要大力加强粮油加工体系的建设。四是规范市场预警体系。建立和规范灵敏、准确的粮食预警体系。一旦出现粮食安全问题时，能立即启动调控措施，是粮食市场和社会保持稳定的重要保障。五是建立健全粮食流通监督检查行政执法体系，大力开展粮食执法。正确行使《粮食流通管理条例》所赋予的监督检查职责和经济处罚权力，严厉打击各类无照经营、欺行霸市、掺杂使假等扰乱市场秩序的违法行为，维护和规范多种所有制主体的粮食入市经营资格，促进公平竞争，形成规范的粮食流通新秩序，为新形势下粮食事业的发展创造良好的内外部环境。

此外，必须借鉴国外经验，强化政府干预，确保特殊群体获得粮食。粮食安全的目标之一是确保所有需要粮食的人都能获得粮食，尤其是保障弱势群体、贫困阶层的需要。

（1）食品援助政策。长期以来，美国通过建立与完善食品援助政策，较好地解决了国内特殊群体的粮食安全问题。援助的主要形式有：一是学校午餐计划。向所有学生免费提供午餐，低收入家庭的孩子还可得到附加补贴等。二是妇婴及儿童计划。该计划综合了健康、营养教育和食品援助三项内容，重点是向孕妇、哺乳母亲及幼童提供高质量的蛋白质。三是食品券计划。美国现行食品券计划是 1977 年经国会修订的，由农业部食品营养局负责执行。规定凡收入低于一定水平的家庭，均可免费获得食品券，该计划自 1979 年实施以来取得了很好的成效，解决了大部分最底层社会人员的温饱问题。2001 年食品营养局共提供国内食品援助金额 339.97 亿美元，其中超过一半用于食品券支出，为 1731.6 万个低收入者提供了基本的食品和营养保障。

（2）公共分配系统。20 世纪 50 年代，印度建立了粮食“公共分配系统”。目的是保证农民出售产品时能够获得政府补贴，而消费者尤其是贫困居民可在全国范围内以其能接受的价格购得粮食。该系统在全国拥有数十万个粮食零售点，其粮食购销价一般由中央政府制定，称“中央定价”。该系统在消除饥馑，尤其是在安定城市贫民方面起了重大作用。20 世纪 70 年代初，印度遭遇罕见的大旱，然而由于中央储备雄厚以及该系统的成功运转，避免了饥荒。1997 年 7 月，印度政府对该系统进行改革，使其目标更为明确，称为“有目标的公共分配系统”。新制度一方面要求各邦制定可行的鉴别贫困居民的准则和措施，发给他们特殊证明，保证每个贫困线之下的家庭每月能免费获得 10 公斤粮食，并以“中央定价”的半价购买 10 公斤粮食；另一方面，中央分配给各邦的粮食数量按过去 10 年实施该系统的平均数分配，超出分给贫困线下人群的多余部分，必须严格按“中央定价”出售。

4. 加强国际合作，确保粮食安全

世界粮食安全形势正面临着传统和非传统因素的多种挑战。除受人口增长、土地匮乏、水资源紧缺等传统因素制约外，生物能源的发展及全球气候变化也给世界粮食安全带来了长期而深远的影响。世界粮食安全面临重大挑战，是多种因素综合作用的结果。受国际石油价格上涨、生物能源快速发展、粮食需求增长、投机资本炒作等诸多因素影响，国际粮价迅猛上涨。确保粮食安全始终是人类生存发展面临的首要问题，发展中国家受粮食危机影响最大也最直接，是加强世界粮食安全的重点所在。

中国一直坚持为促进世界粮食和农业发展贡献力量。一方面，中国在力所能及的范围内，积极向国际粮农机构和一些出现粮食紧急状况的国家提供捐赠和粮食援助；另一方面，中国积极利用农业技术优势，帮助发展中国家提高农业和粮食生产水平。

在加强国际合作、确保粮食安全方面，一是世界各国应更重视粮食安全，将农业放到更重要位置；二是加强农业和粮食多层次国际合作力度，国际组织和发达国家应加大对发展中国家的资金和技术支持；三是把粮食安全放在首位，科学引导生物能源产业发展；四是本着“共同发展”的精神，加强应对气候变化国际合作；五是完善粮食贸易，进一步改善农产品国际贸易环境，加快多哈回合谈判进程，实现合作共赢。

三、跳出农业抓农业，做好多种经营文章

农业结构调整的一条重要途径，就是跳出农业抓农业，通过发展农村第二、第三产业，发展包括乡镇企业在内的农村中小企业，发展个体私营企业等非公有制经济，充分利用农村各种资源和生产要素，拓展农村内部就业空间，改变农业结构，增加农民收入，发展农村经济。

1. 抓好以乡镇企业为主体的农村中小企业的“二次创业”

依靠中小企业解决劳动力就业问题，是世界各国经济发展的普遍经验。同样的产出，中小企业安排就业的劳动力是大企业的1.43倍；同样的固定资产投资，中小企业安排就业的劳动力是大企业的14倍。在发达国家，90%的从业人员在中小企业就业；新增的就业岗位，有80%是由中小企业提供的。目前我国的中小企业数占企业总数的90%，资产总额占50%，销售额占60%，工商税占50%，就业占75%。目前，在乡镇企业就业的农民就超过1亿人，乡镇企业成为吸纳农民就业、增加收入的主渠道。

改革开放以来，“异军突起”的乡镇企业曾有过一个黄金时代。但随着社会主义市场经济的深入发展，乡镇企业原来的机制优势已相对减弱，乡镇企业的弊端逐渐显露：所有制结构比较单

一，政企权责不分，企业产权不明晰，原有的机制活力逐步减弱。而且，乡镇企业发展的外部经济环境和市场状况也发生了改变。从市场来看，20世纪80年代和90年代初期，市场是卖方市场，市场空白比较多，处于短缺状态的产品，只要能够生产出来，销路不用愁。而目前的市场发生了重大变化，变成了买方市场，95%以上的产品供求平衡或供过于求，结构性矛盾更加突出，只有那些有竞争力的产品或企业才能生存下去，并不断发展壮大。而乡镇企业的市场竞争对手越来越多，越来越强。内部机制优势减弱，外部市场状况不如以前，发展速度放缓，以至于有人认为，乡镇企业的道路已经走到了尽头。所以，尽管各级政府都在喊“乡镇企业要二次创业”，但对乡镇企业的二次创业却有些信心不足。

近年来，中央对乡镇企业予以充分的肯定，认为“发展乡镇企业是充分利用农村各种资源和生产要素，全面发展农村经济、拓展农村内部就业空间的重要途径”；认为以乡镇企业为主体的农村中小企业对增加农民就业作用明显。同时对过去关停“十五小”的那种“一刀切”的做法作了某种程度的纠偏，强调“只要符合安全生产标准和环境保护要求，有利于资源的合理利用，都应当允许其存在和发展”。这样就为乡镇企业的改革和调整提供了政策保障，为乡镇企业的“二次创业”打开了新的通道。

中央提出，要适应市场需求变化、产业结构升级和增长方式转变的要求，调整乡镇企业发展战略和发展模式，加快技术进步，加快体制和机制创新，重点发展农产品加工业、服务业和劳动密集型产业，加大对规模以上乡镇企业技术改造的力度，促进产品更新换代和产业优化升级，引导农村集体企业改制成股份制和股份合作制等混合所有制企业，鼓励有条件的乡镇企业建立现代企业制度。

根据中央的思路，政府帮助乡镇企业进行“二次创业”，应该从以下几个方面着手：

第一，营造乡镇企业发展环境。各级政府要认真研究与农村中小企业有关的法律、法规和政策措施，抓好落实工作。一是简化相关手续，放宽对个体私营企业经营项目和经营范围的限制，简化登记注册的手续；二是提供信贷支持；三是减轻企业负担，加大治理农村中小企业乱摊派的力度，全面清理向企业的乱收费，建立经常性监督机制；四是建立健全服务体系，从技改、投融资、人才引进等方面提供良好的服务，解决乡镇企业的难题。

第二，努力促进乡镇企业产业结构调整。当前和今后一个时期，应重点引导农村中小企业发展四大产业：一是发展农村现代服务业，主要是依托农村丰富的旅游资源发展旅游业和饮食服务业，结合小城镇建设发展交通运输业、商品流通业。二是发展农村特色产业，在全国形成一批按照专业化分工组成的特色县、特色乡和特色村。三是发展农产品加工业，大力发展粮、棉、油料等重要农产品精深加工业，巩固发展糖、茶、丝、麻、皮革等传统加工业。四是发展同规模企业紧密衔接的配套产业。

第三，促进乡镇企业建立现代企业制度。要加快乡镇企业的制度改革，解决好乡镇企业的产权归属问题，使乡镇企业与行政管理体系相脱离，并通过现代企业制度的建立，使乡镇企业的管理者真正拥有企业法人财产权。

第四，帮助乡镇企业提高素质。从加强管理、改进工艺、遵守规则、讲求信誉、提高产品质量等方面入手，加快改善企业形象和提高市场竞争能力。

2. 为农村个体私营经济开辟自由发展的空间

要大力发展农村个体私营等非公有制经济。法律法规未禁入的基础设施、公用事业及其他行业和领域，农村个体工商户和私营企业都可以进入。要在税收、投融资、资源使用、人才政策等方面，对农村个体工商户和私营企业给予支持。这一政策，全面、准确地体现了党的十六大对非公有制经济阐述的有关方针政策，反映了我国社会主义初级阶段基本经济制度的实际情况，对于进一步消除农村个体私营经济发展的障碍、拓宽农民就业渠道、增加农民收入、发展农村经济，具有重大意义。

个体私营等非公有制经济是改革开放以来迅速发展起来的。与城市相比，农村经济中公有制经济所占比重更小，个体私营经济始终是增加农民就业机会，促进农民增收的重要渠道。特别是在一些农业资源稀缺、人地矛盾突出的地区，个体私营经济的发展已经成为农民收入的主要来源。尤其需要指出的是，在个体私营经济的基础上，各地农村涌现出了一大批规范化的股份制公司和企业集团，有力地推进了农村工业化和城镇化进程。

在发展农村非公有制经济中，值得一提的是，在市场经济体制走向完善的阶段，社会无法忽视一个新型阶层——农民商人大步奔向市场。

大批农民作为商人出现在市场经济舞台上，最初虽然都是小商小贩，但是已经使得农村市场经济的主体发生了深刻变化。过去，在农村市场里，是国营商店、供销社占据统治地位，现在则是农民在市场唱主角。尤其在农村的一些新兴专业市场，农民更是当然的主角。从这些农村专业市场的经营者的结构来看，农民商人占绝对优势。

根据有关资料估算，我国农村中从事经商活动的农民达5%～10%，这是一支庞大的商人队伍。它开进市场，促进了商品经济在农村的发育和成熟，也促进了农村市场的兴起和高潮的到来，更促进了农村城镇化的步伐。在农民商人聚集的地方，正在形成城市的规模、城市的格局，而农民商人也正成为这新兴城市的主体，如温州的农民城。

农民商人的崛起是现代化农业生产发展的必然，是时代的产物。

农业生产的发展方向是走商品经济的路子，而商品经济的典型代表是商人，农业的商品经济也一定要创造和培养自己的代理人来沟通生产领域和流通领域。因为，自己生产的商品由自己推销是最直接、最放心、又最少中间环节损耗的。农业经济变成商品经济之后，农民变成商人也就顺理成章。而市场使农村商品经济条件得到强化后，农民作为一个社会群体，又面临着由于商品生产分工细化而引起的职业分离和抉择问题。即一部分人进行商品生产，还有一部分人得进行商品流通，为剩余的农副产品找出路。尤其是农村中小企业，需要有更多的产品推销员，这促使一些人要走到农民商人这条路上来。

农民当商人是被“逼上梁山”。农业生产力的解放，带来生产的高速发展，也产生了大量的剩余劳动力。尽管这些剩余劳动力的脚下有多条路可走，但对于农民来说，也有诸多限制：一是技术性较强的行业限制了低文化素质的剩余劳动力的进入，农民进城只有重、脏、累的活儿干；二是社会需求饱和限制了行业的吸收能力，城市也有大量富余人员在寻找工作；三是比较预期收入影响农民对职业的偏好。三百六十行，不如经商——许多农民在对职业的多次选择比较后得出这样的结论。相比之下，商业对技术的要求低，投资少，又有“吹糠见米”的快速效果，少量投资（或出售自己的剩余产品作资本），“滚雪球”般地周转少量资本，也能财源滚滚，如此，何乐而不为呢！

农民能够当商人，而且能够当得很好，如果说，农民所办的乡镇企业有着大起大落的经历，而当上农民商人的，在市场上却是有惊无险，财运亨通。因此，当时代留下种种机遇让农民选择时，就有许多人选择了这条路——当一个农民商人。

也可以说，历史需要今天的农民当商人。专家们认为，中国经济发展的一个重要途径是发展包括商业在内的第三产业，劳动力要加速向第三产业转移，经济结构的调整要向第三产业倾斜。为此，中共中央和国务院曾专门就发展第三产业做出过决定，并提出要充分调动各方面的积极性，国家、集体、个人一齐上，要利用金融和税收来扶持第三产业的发展。这为农民当商人提供了良好的政策保障。

农民当商人，各级政府一定要为之大开绿灯，要调整和规范相关政策，促进农村小商小贩的健康发展。一是要尽快取消对流动性小商小贩的工商登记，停止收取有关税费；二是对无固定生产经营场所的农村流动性小商小贩，可以不必办理税务登记；三是取消对农村小商小贩经营范围的限制，只要其合法经营，任何单位和个人不得干涉其经营活动。

农民当商人，政府要引导他们以农民的淳朴、厚道、诚实的品质，一扫商场奸诈、欺骗的恶浊之气，又不把小农的愚昧、无知、浅薄等劣根性带到市场，更不能一进市场，就沾染过去商人一些不良的习气，如短斤少两坑蒙客户、出售假冒伪劣商品贻害消费者。帮助他们牢记“君子爱财，取之有道”，用正当的手段致富。提醒他们赚钱不是靠偷税漏税，不是靠坑蒙拐骗，要知法、守法、用法。用法律规范市场经济行为，鼓励他们堂堂正正经商，力求在市场中树立起新一代商人的良好形象。

农民当商人，政府要引导他们树立长远目光，不为蝇头小利而沾沾自喜，不因为满足了一时的利益欲望而丢掉长期打算，更不能把自己总是局限在小打小闹经营的狭小天地，有人说过："如果你所从事的事业只能赚到一千万元，但你要告诉你自己，你能赚到一亿元。"这种想法对农民朋友相当重要，因为它能激发农民朋友在市场中勇往直前的勇气，它能提醒农民朋友及时抓住机会，壮大实力，在市场中做出属于新一辈农民的一份大事业。

最后，要强调的是，我们鼓励农民当商人，并不是号召所有的农民都丢掉农业这个大基础，一齐去"下海"经商，而是从安排农村剩余劳动力这一点出发，把农民经商当做当今农民致富的多条途径中的一条。任何时候，我们都不能忘记农业这个根本，不能忘记中国有 13 亿多人的吃饭问题，这个大问题必须靠中国人自己解决，牢记了这一点，就能把经商和务农有机地结合起来。而事实证明，农民经商与务农并不矛盾，每年有那么多农民离土经商或务工，而农业产量却年年大幅度地提高。

3. 扩大经营范围，不断提升我国农业国际竞争力

推进农业现代化，必须鼓励农民积极扩大经营范围，积极主动抓住两个市场，利用两种资源，不断提升我国农业国际竞

争力。

第一，以市场为导向，充分利用区域资源优势，调整农村产业结构，实施区域优势发展战略。

我国农业发展已经进入一个新阶段，农产品供求关系发生了重大变化，因而农业的发展必须适应市场需求，调整生产结构，优化农业生产力布局。在市场机制的约束下，各地应根据自身要素禀赋的实际情况，发挥区域优势，选择若干优势农产品和优势产区，明确目标市场，发展优势特色产业。如东部沿海地区应注意发挥区位和技术优势，发展高附加值、出口创汇的农产品生产和深加工；而中西部地区则应利用特殊的气候条件和良好的环境优势，发展特色农业，生产诸如有机食品类的高价值农产品。

在我国，开展优势农产品区域布局，要遵循自然规律和经济规律，要从资源和市场这两个基本点出发，坚持按比较优势和市场需求布局，既要充分考虑各地资源条件，更要充分考虑市场潜力，防止出现新的积压和卖难情况，同时还要尊重农民的意愿，保护农民权益。各地应根据自身的实际情况，以市场为导向，分区决策，实施区域优势战略，优化区域布局，以具有一定优势竞争力的农村产业带（区）的发展，推进和带动全国农业整体国际竞争力的提高。

第二，以制度变迁为基础，推动农村社区合作组织的构建，实现农业规模经济。

制度变迁是个体或群体在寻求获利机会时自发倡导、组织和实施的制度变迁，它具有自发性、营利性和渐进性的特点。农民是实施诱致性制度变迁的利益主体，其决策符合自身利益，降低了内部合作成本，因而，要全面进行以地域区划为中心、以核心村建设为重点的农村新社区建设，充分发挥农村社区的地缘、亲缘优势，推进以诱致性制度变迁为基础的农村社区合作组织（Rural Community Cooperatives）的构建与发展。同时，支持特色产区（或县域）的乡镇企业集群发展，积极鼓励农村劳动力的异地转移，从而最大限度地实现农村生产的规模经济效益，提高农村劳动力效率和土地的边际生产率，增强农产品的国际竞争力。

第三，以技术进步为驱动，提高农产品的差异化程度和技术含量，促进农业多元化、标准化发展。

农业的技术进步是提高我国农产品比较优势和国际竞争力的潜在要素。技术进步可以弥补资源禀赋不足的缺陷，但同时也是制约农业经营规模的重要因素。当前应重点做好新品种培育、新技术推广、农民农业技术的提高和国外先进农业科技的国内转化，大力开展农产品的深加工、精加工，提高农产品的差异化程度、科技含量和附加值，实现产品、市场、经营主体的多元化。

农产品加工业的发展延长了农业的产业链条，促进了农业生产的专业化、区域化分工，对提高农产品质量，带动农村运输、储藏、保鲜、销售等相关服务业的发展，促进农业产业结构调整，提高农产品转化增值，转移农村剩余劳动力和降低初级农产品的国内资源成本等方面，均起到极其重要的作用。从产业组织的角度来看，积极扶持大型农产品加工企业的发展，鼓励兼并、联合等产权重组，形成大中小企业并举、分工协作的产业组织结构形式，从而以农产品加工业的发展，带动和加快农业多元化、标准化生产不断发展。

第 五 章

循环经济：发展资源节约型、环境友好型农业

按照建设生态文明的要求，走可持续发展的道路，发展节约型农业、循环农业、生态农业，是我国农业发展的必然选择。当前我国农业的发展面临着需求、资源和环境约束。一方面，我国农产品供给已由短缺转向总量基本平衡，丰年有余，市场需求对农业发展的约束作用越来越强；另一方面，水资源短缺，水土流失，生态环境恶化，基础设施萎缩，特别是受环境污染的影响，农产品中残留的有毒有害物质增加，影响着农产品质量和效益的提高，也制约着农业的可持续发展。农产品供求关系的重大变化和生态环境的恶化，决定了必须将农业生态和环境质量安全作为农业标准化体系的重要内容，为提高农业经济安全运行质量，促进资源的合理开发与利用，提供有力的保障。

一、不种子孙地，不断子孙粮

把建设资源节约型、环境友好型社会确定为国民经济与社会发展中长期规划的一项战略任务足以说明，建设资源节约型、环境友好型社会具有重要的现实意义。那么，我们今天要加快推进现代农业建设，就要坚持不种子孙地，不断子孙粮，积极发展资源节约型、环境友好型农业。

1. 实行最严格的耕地保护制度

一是切实保护耕地，特别是保护好基本农田。保护耕地，务必做到：①总量不能减少。要千方百计保住全国现有的18亿亩耕地，这是保障国家粮食安全的“底线”，是一条不可逾越的“红线”，任何地方和单位不得随意调整和占用。②用途不能改变。基本农田必须用于农作物生产，严格禁止在基本农田挖鱼塘、种树，以及其他毁坏耕作层的活动。

二是严格执行土地管理法律法规。加强土地管理，关键要做到严格依法办事，依法行政。①各级政府要切实增强法治意识，自觉遵守土地法律法规，做到依法管地用地。②严格依照法定的权限审批土地，不得违反规定下放土地审批权，更不能弄虚作假，搞化整为零、拆分审批。③严格执法，严肃查处各种土地违法违规行为。违反法律法规批地、占地的必须承担法律责任。查处土地违法行为，不能停留在交罚款、补办手续上。非法占用的土地，该收回的要收回，该复耕的要复耕。既要查处违法行为，又要查处违法责任人。对违反土地管理法律法规的政府工作人员，也必须严肃处理。构成犯罪的，要依法追究其刑事责任。典型案件要公开处理。④强化对土地执法行为的监督。建立公开的土地违法立案标准，以利于社会各界监督。监察、审计部门和国土资源部门要切实履行监督职责，防止有案不查、违法不究、执法不严的现象发生。

三是加强土地规划管理和用途管制。土地利用规划，对于保护和合理利用土地至关重要。近年来一些地方违反规划管理的问题比较突出，有的随意修改土地利用规划，有的擅自突破规划设立开发区和城市新区，有的超计划占用土地。为此，必须加强土地规划的实施管理，发挥土地利用总体规划和年度计划对农用地转用的控制和引导作用，确保土地利用按照规划进行，维护土地利用规划的严肃性。土地利用总体规划、城市总体规划、村庄和集镇规划的编制，都要坚持“保护耕地、节约用地”的原则，都必须按程序严格审核。土地利用规划一经批准，就具有法律效力，任何人都不得擅自修改。凡涉及改变土地利用方向、规模、重大布局等原则性修改，必须报原批准机关批准。土地用途管制的核心是不能随意改变农用地的用途。要通过规划的实施，严格限制农业用地转为非农业用地。在土地利用总体规划和城市总体规划确定的建设用地范围外，不得设立各类开发区（园区）和城市新区（小区）。要加强用地计划管理。要按照土地利用规划，从严从紧控制土地占用的总量和速度，并逐年下达计划。任何地方都不能超计划批地、用地。没有纳入年度用地计划的建设项目，不得批准用地。鼓励节约用地，当年指标有节余的可转下年使用。

四是充分运用价格机制调控用地。加强土地的管理和调控，要充分发挥市场配置土地资源的基础性作用。运用价格机制，抑制多占、滥占和浪费土地。目前，征地补偿费和土地出让价格偏低，是造成耕地乱占、滥用的重要原因。为此，必须合理确定土地价格，使之能够反映市场供求关系和土地价值，反映我国土地资源的稀缺状况。要根据不同地区土地资源状况和经济社会发展水平，确定土地基准价格，制定协议出让土地最低价标准。要严格控制划拨用地的范围，经营性基础设施用地要逐步实行有偿使用。严格区分公益性和经营性两种不同性质的用地，经营性用地价格要由市场来决定，实行招标、拍卖、挂牌出让。利用原划拨土地进行经营性开发或转让土地使用权的，必须按照市场价补缴土地出让金。今后，任何地方都不得以低于国家规定的最低价标准协议出让土地，不得随意减免新增建设用地土地有偿使用费。要坚决纠正低价或变相低价出让土地的做法，严格禁止搞所谓的“零地价”。对清理出来的这些问题要认真进行整改，对造成国有土地资产严重流失的要严肃查处。

2. 保护农业资源

农业资源是指人们从事农业生产或农业经济活动中可以利用的各种资源，包括农业自然资源和农业社会资源。农业自然资源指自然界存在的，可为农业生产服务的物质、能量和环境条件的总称。它包括水资源、土地资源、气候资源和物种资源等。农业社会资源是指社会、经济和科学技术因素中可以用于农业生产的各种要素，主要有人口、劳动力、科学技术和技术装备、资金、经济体制和政策以及法律法规等。在农业发展过程中，农业资源已成为评价和衡量农业可持续发展的重要指标，是农业可持续发展的基础。所以，节约和合理开发利用农业资源，解决农业资源日益尖锐的供需矛盾，实现农业资源的可持续利用，是实现农业可持续发展的关键。

从农业资源角度来理解，农业可持续发展就是充分开发、合理利用一切农业资源，合理地协调农业资源承载力和经济发展的关系，提高资源转化率，使农业资源在时间和空间上优化配置达到农业资源永续利用，使农产品能够不断满足当代人和后代人的需求。

中国作为一个发展中国家，只有大力发展才能满足人们日益增长的农产品需求；这种需求不仅指数量增加上的满足，更应指农产品质量提高上的满足。农业可持续发展关键在于保护农业自然资源和生态环境。农业可持续发展就是要把农业发展、农业资源合理开发利用和资源环境保护结合起来，尽可能减少农业发展对农业资源环境的破坏和污染，置农业发展于农业资源的良性循环之中。全面发展农、林、牧、副、渔各业，实现生产经营适度规模化，农业生产结构合理化，农产品品种多样化和品质优良化；实现农业生产的高产、优质、高效和低耗，变原来的粗放经营为集约经营，达到农业可持续发展的目的。农业可持续发展是指农村经济和社会经济全面持续发展。实现农业可持续发展不是单纯地追求数量上的增加，而是要实现农民日益富裕、农业社会全面进步，使农村的资源、环境、人口、经济和社会相互协调，共同发展。

要保证农业生产的物质基础——农业资源环境的可持续利用，只有遵循自然生态规律，保持生态平衡，才能实现农业可持续发展。农业可持续发展是指农业产量稳定持续增长，农产品质量不断改善，农业劳动生产率稳定提高，农民收入和农业经济效益可持续增长。保护农业资源是现代农业可持续发展的基础。有效保护和合理利用农业资源，就是巩固现代农业的基础。人增、地减、水缺是我国农业发展面临的突出矛盾。因此，农业可持续发展的关键在于保地节水。要加大耕地特别是基本农田的保护力度。实施沃土工程，尽快建立全国耕地质量动态监测系统。改进栽培、饲养方式，推行间作套种、水旱轮作、立体种养模式，发展保护性耕作。引导农民科学施肥，推行有机肥综合利用与无害化处理，培肥和提高地力。合理利用水资源，大力发展节水型农业。坚持和完善海洋伏季休渔和长江禁渔期制度，切实保护渔业资源。

3. 增强农业可持续发展能力

农业可持续发展的目标包括以下方面：积极增加粮食生产，既要考虑自力更生和自给自足的基本原则，又要考虑适当调剂与储备，稳定粮食供应，保障粮食安全；促进农村综合发展，开展多种经营，扩大农村劳动力的就业机会，增加农民收入，特别要努力消除农村贫困的状况；合理利用、保护与改善自然资源。创造良好的生态环境；继续控制人口增长；防止更低的退化，保护耕地的数量和质量。农业可持续发展的内涵和模式由于各国的国情不尽相同，我国和广大发展中国家的农业可持续发展的核心是发展农村经济，在合理利用资源和保护人类赖以生存的耕地的前提下发展，并在发展中解决好人口、资源和环境等问题。

第一，实施有利于农村可持续发展的人口政策。一方面，降低生育水平和人口增量。加强计划生育工作的法制建设，逐步建立健全人口与计划生育法制体制，使人口与计划生育工作全面走上法制轨道。采取经济、法律、行政、教育、科技等综合措施，把计划生育工作与农村基层组织建设结合起来。另一方面，促进人口产业结构优化，调整产业内部就业人口比例，引导产业间就业人口转移。

第二，提高农民的思想意识，培育有文化、懂技术、会经营的新型农民。首先，大力办好农村教育事业。教育既是各级各类专门人才成长的根基，也是为广大劳动者奠定基本素质的关键环节，应加大工作力度，集中投放人力、物力、财力，夯实农村文化基础。其次，大力发展职业教育，提高劳动者素质，培养适用型科技人才。最后，认真实施农科教结合，促进农村人才开发和科技进步。农科教结合，以农村经济建设为中心，以提高农民素质和推广科学技术为重点，以教育为基础，以科技为动力，推进农业现代化建设。

第三，加快以水利为重点的农业基本建设。农业是国民经济的基础，而农业基本建设又是农业发展的基础。改革开放以来，我们各级政府在加强农业基本建设，改善农业生产条件上做了很大的努力。特别是近年来，又把环境保护、可持续发展摆到战略位置，把改善农业生态环境提上议事日程，取得了明显的成绩。但是同时也要看到，我国农业的基本建设离现代农业的要求还相差甚远，许多环节还很薄弱，亟待改善。

第四，切实增加对农业的投入。加强农业农村工作，包括农田水利建设和生态环境改善以及提高科技等方面都离不开增加对农业的投入。可以说，切实增加农业投入是一个根本性的问题。落实党中央、国务院加强农业的各项决策，必须使增加农业投入落实到位。

第五，搞好农业的综合开发利用。我国人口多、土地少，要促进农业的发展，单靠扩大规模的粗放式经营是不行的，必须在农业综合开发上下工夫，向农业开发要潜力，全面提高农业的综合生产能力。从我国经济发展的长远战略角度来看，单纯对现有的耕地进行保护是不够的，还必须有一个相当数量的土地储备，这就要求我们要向生产的广度进军，在保护现有耕地的基础上，尽可能扩大农业用地。

第六，建立稳定完善的农业政策、法规体系。在市场经济条件下，农业面临着较大的风险。为了有利于农业的持续发展，必须理顺政策环境，建立有效的法律约束机制，以规范社会经济行为。

二、从沼气的使用看循环农业经济

到过农村的人都知道，秸秆是农村中再普通不过的东西了。每到收获季节，农作物收获后留下的各种秸秆往往被当做废物焚烧，个别地方曾发生过焚烧秸秆造成的污染影响飞机飞行的事故。为了减少污染，实现废物利用，一些地方普遍推行了秸秆还田。其实，秸秆的作用远不止这些，它还是沼气生产的主要原料之一。

1. 沼气：让“循环经济”这个圈转起来

沼气是可再生的清洁能源，既可替代秸秆、薪柴等传统物质能源，也可替代煤炭等商品能源，而且能源效率明显高于秸秆、薪柴、煤炭等。发展农村沼气，优化广大农村地区能源消费结构，是我国能源战略的重要组成部分，对增加优质能源供应、缓解国家能源压力具有重大的现实意义。

农民把沼气称为农家“天然气”，牲畜粪便流入沼气池，沼气源源不断地供入用户，沼气灶跳动蓝色火苗，沼气灯点亮农家，沼气热让农民洗上了淋浴热水澡，沼渣成为高效的有机肥和绿色农药，沼液成为优质饲料养殖牲畜或种植农作物……

在这个圈中，沼气这一农业循环实现了四大功能：一是沼气这一农业循环有利于资源的高效利用和循环利用。二是沼气这一循环有利于建设资源节约型社会。一户农家建设一口沼气池，一年产生的能量分别相当于 840 公斤标准煤、130 公斤液化气、2000 公斤薪柴产生的能量。这个数字如果放在户户农家办沼气池去透视，小沼气就变成了“功在当代、利在千秋”的大事业。三是沼气这一农业循环有利于保护农村环境，使农民的生存质量得到明显提高。四是沼气这一农业循环促进了人与自然的和谐发展，初步形成了“自然—人—经济—社会”的生态经济价值观，在人与自然和谐发展的道路上迈出了可喜的一步。

陕西省安康市旬阳县在实践中不断探索循环农业发展新模式，推行畜沼为主新模式，生产新模式催生出了大变化。

模式一：“猪—沼—茗”。养殖粪便经沼气池发酵产生沼气做饭点灯，沼液和沼渣作为红茗等种植业肥料，秸秆作为饲料养猪，形成“种植—养畜—粪便—沼气—肥料—种植”的生态循环型产业链条。两个示范村建沼气池255口、建正大圈舍65栋83户、发展20头以上养猪示范户186户，两村养猪1.39万头，种植红苕330亩，购买加工机械110台，实现人均增收1550元。

模式二：“猪—沼—菜”。养殖粪便发酵产生沼气用于大棚加温、增光、做饭烧水，沼液、沼渣用于喷洒浇灌蔬菜，大棚菜内在品质和经济效益都有很大提高，形成良性循环经济模式。城关镇岩湾四组农民李学胜建沼气池一口、建正大圈舍20平方米，沼液和沼渣为肥料种大棚菜1.5亩，沼气全年使用310天，抢手的无公害蔬菜收入2万元，养猪收入6100元。在他的带动下，全村建沼气池120口、发展39个示范户饲养生猪4750头、种植大棚菜52亩，实现人均增收1380元。

模式三：“猪—沼—果”。用桑叶养蚕，蚕渣喂猪，猪粪排入沼气池发酵，沼气用于蚕室加温、照明或用于做饭点灯，沼液、沼渣返地喷洒浇灌桑树、果树，生产的果品为无公害产品。吕河镇冬青村村民刘纪平新建沼气池一口、建正大圈舍60平方米、栽植狮头柑3亩，沼气年节支增收1100元，可腾出时间管护3亩狮头柑，养猪收入9万元，沼液喷洒果树、沼渣为果树追肥，狮头柑收入5.6万元。他带动全村建沼气池139口，发展20头以上适度规模养猪82户，饲养生猪4500头，种植狮头柑1150亩，实现人均增收1620元。

变化一：传统农业向现代农业转变。循环农业上促畜牧业、下联种植业、直接促进农业生产结构优化。从首批确定的15个省级“一村一品”示范村、1560个示范户情况看，传统养殖模式发生根本性改变，加快了标准化生产技术的推广，生产经营方式由传统的单家独户向专业化、标准化、规模化转变。

变化二：人居环境得到改善。村容整洁是社会主义新农村的基本要求，但农村圈舍粪水横流、蚊蝇乱飞，脏、乱、差现象普遍存在。循环农业推行圈、沼、厕三位一体后，人、畜粪便和生活污水通过沼气池厌氧发酵处理，直接杀灭了寄生虫卵和部分病菌，基本达到无害化处理标准，改善了农村环境卫生状况。

变化三：农民收入增速加快。示范户带动全县新建沼气池710口，累计8410口，其中发展农业循环经济示范户1910户。据概算，示范户增收幅度在50%以上，有的两年实现翻番，带动了全县农民增收。到2007年年底，该县农民人均收入达到2298元，同比净增318元，增长16.1%。

变化四：生态环境得以保护。一口8立方米的沼气池年可产沼气500~600立方米，相当于0.44吨标煤的热值，形成2.5吨的节柴能力，相当于3亩薪炭林一年的木柴蓄积量。旬阳属南水北调水源涵养区，推行以畜沼为重点的循环经济模式，可以减少森林砍伐、促进封山育林和天然林保护工程的实施。

2. 循环农业经济“这个圈”既要转起来，更要转下去

农业生产是自然再生产和经济再生产相交织的产业部门，很大程度上依赖于农作物的自然生长以获得收成。传统农业建立在单一化、专门化的生产模式下，虽然在一定程度上能提高生产的规模化效应，也利于机械化操作，但这种模式对自然生态资源的利用是粗放性、掠夺性的，往往形成“先掠夺再补充再掠夺”的恶性循环，造成农田肥力下降，产品品质降低，并形成大面积污染。而改变传统农业的生产模式，就是要发展循环型农业。循环农业经济“这个圈”既要转起来，更要转下去。

所谓循环农业是指运用生态学、生态经济学、生态技术学原理及其基本规律作为指导的农业经济形态，通过建立农业经济增长与生态系统环境质量改善的动态均衡机制，将农业经济活动与生态系统的各种资源要素视为一个密不可分的整体加以统筹协调的新型农业发展模式。这就是现代农业的新模式，也是一种资源节约、环境友好型农业模式。

循环农业有着一般循环经济的三个共同特征：一是减量化，尽量减少进入农业生产和消费过程的物质量，节约水、土地资源和能源的使用，减少污染物的排放量；二是再利用，提高服务农业的生产资料产品利用效率，减少一次性用品的污染；三是资源化，农业产品和废弃物能够重新变成再生资源。

发展资源节约、环境友好型农业，必须运用循环经济的发展理念，以“减量化、再利用、资源化”为基本原则，发展“低消耗、低排放、高效率”的农业循环经济，促进再生资源的循环、永续利用和非再生资源的节约利用。

循环型农业强调农业发展中的生态耦合效应，而不同物种在生长过程中确实存在着互补、互利的因素。发展生物质经济，支持农业副产品循环利用，就是充分利用农业发展中的生态耦合效应。当前在广大农村推行的沼气，就是充分发挥农作物秸秆资源丰富的优势，推动农产品初加工后的副产品及其有机废弃物的系列开发、深度加工，实现增值增效，是一种与农村实际相应的农业模式。这样的模式既节约资源，也因为利用了农业发展中的生态耦合效应，而使环境变得友好起来。

3. 我国循环农业发展的制约因素

从总体上看，我国循环农业发展毕竟还处在起步阶段。要大步推进循环农业发展进程，就必须认知、正视并注意解决如下一些亟待解决的问题。

第一，耕地资源的制约。我国人多地少，人均耕地面积仅0.10公顷，不足世界人均耕地面积的一半，不到俄罗斯的1/8、美国的1/6、印度的2/3。并且，呈现出以下几个特点：一是耕地分布极不均衡。全国人均耕地大于0.13公顷的有12个省（区），有近1/3的县人均耕地低于0.053公顷，已经低于联合国粮农组织确定的0.053公顷的警戒线。二是耕地质量不高。现有耕地中有607万公顷属于25°以上的坡耕地，有水源保证和灌溉设施的耕地只有5237万公顷，不到全国耕地总面积的40%。三是耕地退化严重。全国30%左右的耕地不同程度地受水土流失危害。四是耕地负荷率较高。我国耕地垦殖率平均为14%，北方地区高达32.6%，不利于耕地的休养生息和培肥地力；而世界平均的耕地垦殖率只有11%。这些情形，均直接影响到循环农业的快速健康发展。

第二，生态环境的恶化。随着经济社会的快速发展和城镇化步伐的加快，我国农业生态环境问题日益突出：从土壤污染来看，目前我国受镉、砷、铬、铅等重金属污染的耕地面积近2000万公顷，约占总耕地面积的1/5，其中工业“三废”污染耕地1000万公顷。从水土流失看，全国水土流失总面积已达360万平方公里，占国土总面积的38%，仅水蚀面积，全国每年就损失粮食18亿~23亿千克。从水污染来看，全国污水污染的农田已达330万余公顷，因用受到污染的水源进行灌溉导致的经济损失更是难以估算。另外，大气污染和固体污染也相当严重。

第三，所需资金的短缺。资金是循环农业发展中不可缺少的“血液”，尤其是在循环农业发展前期，必须有较大的资金投入和基础设施建设，才能满足发展循环农业最基本的要求。但我国循环农业与循环工业最大的不同之处，就是循环农业的施行者和受益者都是资金缺乏、信息闭塞、技术落后的农户个体，不仅投资基础薄弱，而且也难以满足中长期循环农业发展对大量资金源源不断的需求。而且，从全国的情况来看，即使是“先走了一步”的地区，也由于自身积累不足、地方财政收入及投入有限，均难以对循环农业发展给予强力的资金支持，从而制约着循环农业的发展进程。

第四，技术研发推广的滞后。循环农业建设是一项复杂的系统工程，它需要包括农学、林学、畜牧学、水产养殖学、生态学、资源科学、环境科学、加工技术以及社会科学等在内的多种学科的支持。可以说，科学技术是循环农业发展的硬支撑。而且，循环链越长，所需要的技术就越多、越广、越复杂、越精细。但从我国的现状来看，循环农业发展中不仅急需的技术无法得到全部满足，而且已有的技术推广应用也很不够。

第五，农民低素质的困扰。农民素质是影响循环农业发展的重要因素。一般地说，只有有文化、懂技术、会经营的新型农民，才能胜任发展循环农业的需要。可遗憾的是，我国的农民素质还达不到这个要求。据全国农业普查办公室的调查统计，我国纯农业户劳动力文化程度最低，受教育年限仅为6.23年，文盲、半文盲所占比重高达14.8%。而且，在我国农村劳动力中，接受过短期职业培训的占20%，接受过初级职业技术教育培训的占3.4%，接受过中等职业技术教育的占0.13%，而没有接受过技术培训的竟高达76.4%。这种农民素质低下的状况，很可能会拖循环农业发展的后腿。

4. 推进我国循环农业发展的对策

我国要推进循环农业的发展，就必须针对循环农业发展中所面临的突出问题，有的放矢地采取一些得力的推进措施。

第一，全力形成“循环意识”。要大力、广泛而深入地宣传发展循环农业的重要意义及其在落实科学发展观、促进农业可持续发展、建设社会主义新农村中的重大作用，促使全社会在发展观上体现人与自然、环境的和谐，在价值观上将自然视为人类赖以生存的基础，在生产观上尽可能地利用可循环再生资源，在消费观上倡导绿色消费，尽快形成和树立“循环意识”和循环农业发展理念，将“减量化”、“再利用”、“再循环”等经验性做法运用到农业产业升级的具体实践中，逐步实现农业系统内部子系统之间、农业与其他产业之间物质、能量、信息的良性循环。

第二，尽快出台优惠政策。要制定相应的财税鼓励政策，组织实施生物质工程，推广秸秆气化、固化成型、发电、养畜等技术，开发生物质能源和生物基材料，培育生物质产业。要积极发展节地、节水、节肥、节药、节种的节约型农业，鼓励生产和使用节电、节油农业机械和农产品加工设备，努力提高农业投入品的利用效率。要改革农地产权制度和流转制度，赋予农民对土地永久性的承包权和自由转包权，以促进农民对土地长期投资的积极性，促成土地的适度集中，防止对土地的掠夺性粗放经营行为，从而为循环农业发展提供便利。要设立循环农业发展基金，逐步加大政府的财政投入。要改革和创新农村金融体制，通过小额贷款、贴息补助、提供保险服务等形式，支持企业（或农户）进行循环农业体系建设。要成立政府监管下的综合性支持循环农业的政策性保险机构，建立循环农业政策性保险制度，使农民发展循环农业无后顾之忧。

第三，全面完善法律法规。要在全面贯彻国家有关农业资源保护的法律法规的同时，加强调查研究，推进对循环农业的立法工作，争取出台《循环农业发展条例》乃至《循环农业法》，以便通过权威性的法律法规，明确各参与主体在循环农业发展中的权利和义务，全面规范、指导、引领我国的循环农业建设，并形成强制的行为约束，为循环农业发展提供法制保障。至于《循环农业发展条例》或《循环农业法》的主要内容，则可以包括基本农田的规划，农业水资源的开发保护和利用，农业生态资源的保护利用，环境资源费的征收，农业废弃物的综合利用，循环农业的管理体制和运行机制等。

第四，强力构筑技术支撑。要认识到循环农业是对传统农业的根本变革，其关键是以现代信息工程技术、生物工程技术、系统工程技术等现代科学技术作支撑。我国必须把循环农业发展建立在现代科技和先进管理的基础之上，使循环农业发展始终同最新科技紧密结合起来。当务之急，是要大力开发节约资源和保护环境的农业技术，重点推广废弃物综合利用技术、相关产业链接技术和可再生能源开发利用技术，并实行农业科技产业化，实施农业科技组织创新和管理创新，积极探索农业科技的研究、推广的高效运行机制和模式。

第五，努力完善循环农业的保障体系和社会化服务。从国外推行循环经济的成功经验来看，农业发展循环经济的相关保障体系是循环农业发展的关键环节。因此，国家和政府应大力推进制度创新，完善有利于循环农业发展的政策和法律体系，增加对发展循环农业的财政投入，建立循环农业推进组织，加强农业基础设施建设和农业环境管理，为循环农业提供一个良好的发展环境。同时，通过强化农民的终身教育，提供准确的市场信息，提高广大农民自身的生态与环保素质，使其能及时掌握农业技术和市场动态，有利于推动循环农业的实施。

第六，积极借鉴国外成功经验。国外在发展循环经济和推行循环社会方面已取得很多成果，我国循环农业的发展可以有选择地吸收其成功经验，尤其是先进的农业经营管理方法和农业生产技术，同时结合我国已有的生态农业理论与技术，形成一整套适合我国国情的发展模式和技术体系。农业生产还要积极与国际标准化接轨，例如 ISO 14000 环境管理体系、国际有机食品质量标准等。

三、既要招财进宝，更要青山绿水

在科学发展观指导下推进现代农业发展，就是既要招财进宝，更要青山绿水。中国政府十分重视农业生态的保护和建设，早在20世纪70年代初，就在全国范围内开始了有计划、有组织的农业生态环境保护与建设工作，取得了巨大成就。特别是改革开放以来，国家先后实施了“三北”防护林、长江中上游防护林和沿海防护林等一系列林业生态建设工程，建设了黄河、长江等七大流域水土流失重点治理工程，大力推广以小流域为单位的综合治理、综合开发，加大荒漠化治理力度，加强草原和生态农业建设，使我国的生态环境特别是农业生态环境建设进入了新的历史阶段。在生态环境建设方面作出的各种努力对我国的农业发展并进而对整个国民经济和社会可持续发展产生极其重要的影响。然而，从发展的要求来看，我国农业生态保护和建设的速度还很缓慢，特别是随着经济建设的发展、人口的进一步增长，农业生产的任务日益加重，农业生态问题也更加尖锐。

1. 农业发展与生态环境的关系

发展是硬道理。农业发展始终是人类社会的主旋律，但农业发展必须以科学发展观为指导，在充分顾及人民群众生存环境的基础上，保持生态环境承载力与农业发展规模的基本平衡，才能促进人与自然的和谐发展，实现全面建设小康社会的目标。

农业发展必须与生态环境的承载能力相适应。随着我国经济持续高速增长，经济社会发展与资源禀赋、环境承载能力严重失衡。发达国家上百年工业化过程中分阶段出现的环境问题，在我国短时间内集中出现。城市的环境问题很严重，农村的生态情况也不容乐观。

正确处理农业发展与生态环境保护的关系，关键是要加快实现三个转变：一是从重农业增长轻环境保护转变为保护环境与农业增长并重，把加强环境保护作为调整农业结构、转变农业增长方式的重要手段，在保护环境中求发展。二是从环境保护滞后于农业发展转变为环境保护和农业发展同步，做到不欠新账，多还旧账，改变先污染后治理、边治理边破坏的状况。三是从主要用行政办法保护环境转变为综合运用法律、经济、技术和必要的行政办法解决农业环境问题，自觉遵循经济规律和自然规律，提高环境保护工作水平，为新的发展腾出环境容量和空间。只有这样，我们才能既要招财进宝，更要青山绿水。

2. 我国农业生态环境面临的主要问题

从当前看，我国农业生态环境还存在六大问题。

一是水土流失严重。全国农田的1/3存在着不同程度的水土流失，每年全国表土流失量约50亿吨，由此损失的氮、磷、钾养分约4000多万吨。据近年来我国水土流失面积和治理面积对比分析，治理面积仅占流失面积的34%～38%，按目前趋势发展，如不采取根本的治理措施，水土流失面积还将大大增加，成为危及农业生产发展的关键问题。

二是沙漠化继续扩大。目前全国沙漠化土地每年以1000多平方公里的速度在扩展。受沙漠化影响的人口达5000余万人，近400万公顷的农田和500万公顷的草场受到威胁。

三是耕地面积不断减少，土壤质量日益退化。目前我国耕地面积只有0.98亿公顷，人均耕地不足0.087公顷，只相当于全世界平均水平的1/3。多年来，我国建设占地与新开垦耕地相抵后，每年仍减少耕地40万公顷。在耕地不断减少的同时，土壤的质量也日益恶化，主要表现在土壤盐碱化和肥力下降。同时，由于化肥、农药的施用，使土壤的理化性能、生态状况日益下降。

四是森林资源危机，严重威胁农业生产。据全国森林资源调查结果表明，全国森林面积1.31亿公顷，林木积蓄量109亿立方米，居世界第5位，但人均森林面积只有世界人均的1/6，居世界第121位。我国森林覆盖率为13.96%，只及世界平均数的54.2%。由于森林覆盖率低，植被破坏，生态恶化，自然灾害频繁，已严重威胁到我国农业生产。

五是草原退化日益加剧。长期以来，由于过度放牧、盲目开垦和管理上的重用轻养，使草原生态不断恶化，目前全国退化草原面积达0.87亿公顷，占全国温带草原面积的32.6%，产草量只及20世纪50年代的1/3，使牧业生产和国民经济建设受到极大影响。

六是农田污染日益加重，农田生态环境受到极大破坏。随着工农业生产的迅速发展和乡镇工业的兴起，工业“三废”和城市生活污水与废弃物的排放量日益增长，农田被迫作为消纳污染物的场所，受到严重污染；加上农业生产本身化学农药和化肥用量剧增，也给农田生态系统造成很大影响。

3. 建设节约型农业

我国是传统的农业大国，农业的发展观念也是秉承传统的耕作理念，但是随着工业文明的推进，社会经济的发展，农业的发展观念也在发生改变，传统的农业发展观正在被可持续发展观所影响和替代。农业可持续发展理论是20世纪80年代中期以来，农业发展理论的一个重要组成部分，是在经历了三次世界经济发展战略演变之后产生的适应时代的农业发展观念，是人类全面认真总结自己的发展历程，重新审视自己的经济社会行为而提出的几种新的发展思想和发展战略，并在1992年6月联合国环境与发展大会上成为各国的共识。农业可持续发展的内涵：“既满足当代人的需要，又不对后代人满足其需要的能力构成危害。”可持续发展是既要实现经济发展的目标，又要实现人类与其赖以生存的环境的和谐，使子孙后代能够安居乐业，得以永续发展。1988年世界粮农组织理事会对农业部门的可持续发展下了如下定义：可持续发展就是管理和保护自然资源基础以及调整机构和技术变化的方向，以确保获得和持续满足目前及今后世世代代人的需要。《中国21世纪议程》对中国农业可持续发展进一步明确为：保持农业生产率稳定增长，提高食物生产和保障食物安全，发展农村经济，增加农民收入，改变农村贫困落后状况，保护和改善农业生态环境，合理、永续地利用自然资源，特别是生物资源和可再生资源，以满足逐年增长的国民经济发展和人民生活的需要。

目前，农业自然资源相对短缺已成为我国农业发展的主要制约因素。推进农业增长方式的根本转变，是农业健康持续发展的内在要求，必须着力发展节约型农业，保护和利用好农业资源，逐步缓解资源的供需矛盾。同时，建设节约型农业，可解决目前我国农业生产普遍存在的投入品利用率低、浪费严重、成本居高不下等问题，以尽可能少的资源消耗创造尽可能大的农业效益，实现节本增效，有力地促进农民持续增收。建设节约型农业，大力发展农业清洁生产，合理施肥施药，加强秸秆、沼气等生物质资源的综合利用，开发风、光、水等农村可再生能源，对于改善农村生态环境，促进农村循环经济发展，推进社会主义新农村建设也具有十分重要的现实意义。

建设节约型农业的指导思想是：认真贯彻落实科学发展观，坚持“资源开发与节约并重，把节约放在首位”的方针，紧紧围绕农业增长方式转变，以提高资源利用效率为核心，以节地、节水、节肥、节药、节种、节能和资源的综合循环利用为重点，强化节约意识，综合运用经济、法律、行政、科技和教育等手段，结合农业区域资源特性，深化农业结构调整，保护农业资源，加快农业标准化建设，创新和推广农业技术，建立健全推进节约型农业建设的体制和机制，促进节约型社会建设。

建设节约型农业的总体要求是：以科学发展观统领农业农村经济发展全局，统筹安排好资源节约和高效利用的各项工作，编制完善相关规划，加强宏观指导，提高生物、工程、农艺、农机、材料技术的集成应用水平，大力推广应用节约型的耕作、播种、施肥、施药、灌溉与旱作农业、集约生态养殖、沼气综合利用、户用高效炉灶、秸秆综合利用、农机与渔船节能“十大节约型技术”，促进我国农业尽快走上科技含量高、经济效益好、资源消耗低、环境污染少、人力资源优势得到充分发挥的发展道路，实现农业可持续发展和构建农村和谐社会的目标。

当前和今后一个时期，要从以下几个方面推进节约型农业建设：一是稳步提高耕地集约利用水平；二是不断提高农业投入品的利用效率；三是大力发展集约生态养殖业；四是切实加强农村能源工作。

4. 促进生态农业发展

生态农业，就是按照生态学原理来规划、组织和进行农业生产。生态农业是全面规划、相互协调的整体农业。生态农业的出发点和落脚点，都是着眼于系统的整体功能。而衡量整体功能的标准，最重要的有三条：一是经济效益，即生产要发展，农民要富裕；二是社会效益，即要满足人民对农产品日益增长的各种社会需求；三是生态效益，即保持良好的生态环境。生态农业，要考虑系统内全部资源的合理利用，对人力资源、土地资源、生物资源和其他自然资源等，进行全面规划、统筹兼顾、因地制宜、合理布局，并不断优化其结构，使其相互协调、协同发展，从而提高系统的整体功能。

生态农业是广义农业的具体体现。它和狭义农业（或称小农业）的区别在于：从生产内容上讲，它不局限于种植业，而是农、林、牧、副、渔多种经营，全面发展。从生产地域上讲，它不局限于耕地上，一方面立足耕地，努力提高单产；另一方面把全部土地都当做自己的生产场所。从食物的概念上讲，它主要依靠粮食，但又不局限于粮食，而是建立在营养科学的基础上，根据人体营养需要的热能、蛋白质、多种维生素和各种矿物质的数量和比例，科学地安排和计划农业生产。

生态农业是一个高效的人工生态系统，是结构与功能协调的高效农业。它不同于自然生态系统，加进了人的劳动和干预，因而不只是单纯的自然再生产过程，同时也是一个经济再生产过程，二者交织在一起，并通过人的劳动和干预，不断调整和优化其结构和功能，从而能够以较少的投入得到较大的产出，取得较好的经济效益、社会效益和生态效益。

我国农业如果实行粗放型即掠夺性的增长方式发展生产，其巨大的破坏力是任何强大的环保工作都无法弥补的，更谈不上持续发展农业。生态农业是一项长期工程，利国利民，是社会主义新农村建设的有效手段和主要途经，是我国经济发展的必然选择。

生态农业系统是生物圈的一个组成部分，它具有生物圈所有的共性，而这些也正是生态农业系统能够存在并不断发展的最基本的条件。但是，作为一种人工生态系统，生态农业系统比起生物圈的空间范围来说要小得多，形成了一个更加独特的部分，因而又具有它自己的特点。这些特点就是因地制宜性、综合性、稳定性、社会性和选择性。

第一，因地制宜性。农业和其他国民经济部门相比，有一个最大的差异，就是农业是自然再生产过程和经济再生产过程相交错的范畴。农业种植的作物、畜牧业饲养的牲畜、林业栽种的树木、水产业养殖的鱼类等都是生物，都有它们本身的生长规律，都受到自然条件的一定限制。因此，农业这个生产部门要特别讲究尊重自然规律和社会经济规律。而生态农业系统正是建立在合理和充分利用当地自然条件和自然资源的基础上。

但什么叫因地制宜，社会各界有着不同的理解。有人认为，“地”就是“土”，因地制宜就是因土制宜；也有人认为，“地”就是指大自然，因地制宜就是因自然条件而制宜。实际上这两种理解都不够全面，因为它们没有包括具有地域差异的社会经济条件。而社会经济条件对于生态农业系统来说，是有着深刻影响的。所以对因地制宜的正确理解，应该是因自然条件和社会经济条件而制宜，两者缺一不可。

第二，综合性。我们所说的综合性具有四层含义。首先，生态农业系统是一个多因子、多层次的综合体，其结构和功能都十分复杂。其次，采取生产措施、技术措施也必须要综合。再次，在生产发展和生态状况的改善问题上，也必须综合考虑。生产的发展绝不能建立在对自然资源的过度利用、破坏生态环境的基础上；反之，也不能片面强调生态环境的保护而影响了生产的发展。最后，农业生产的发展，绝不能仅从农业一个部门来考虑，而必须联系加工工业、运输条件、市场需要与竞争能力等几个方面的问题来考虑。不能脱离现实，要综合考虑到需要与可能、当前与长远、局部与整体之间的关系。综合考虑到自然条件的适合性、技术条件的可行性和经济条件的合理性。

第三，稳定性。生态农业系统的稳定性，除表示系统的生产力不易受到外界因素变动而频繁变化以外，还包含营养物质与能量平衡的动态稳定和系统产出经济效益稳定增长两层含义。

怎样才能保证系统的稳定？一般说来，生态农业系统的稳定程度，主要取决于系统结构的复杂程度、系统内食物链的多少和长短。生产结构越复杂，食物链越多，则系统越稳定。如果一个农业生产系统的生产结构十分单一，比如只有种植业（或只有饲养业），系统就不可能很稳定，一遇天灾、病虫害（或传染病），系统的产出就要受到影响。但若系统的结构比较复杂，食物链多，那么局部的变化就不致对整个系统产生大的影响。因此，我们在考虑、设计、规划一个生态农业系统的生产结构时，要考虑其复杂性。

第四，社会性。生态农业系统不能脱离社会经济条件，它是一种在人为活动下形成的社会—经济—自然复合的生态系统。这种特殊的人工生态系统，变化频繁，能量和物质均有大量的输入与输出，如果经营管理不当，系统就会崩溃。也就是说，人们可以建设生态农业系统，但是也可以破坏它。如灌溉、排水、施肥可以影响土壤；农药防治病虫害、除草剂消灭杂草，可以影响作物以外的生物种群；收获、运输、产品加工等将影响产品的再分配等，这些都是人为因素对生态农业系统的影响。

第五，选择性。生态农业系统内在矛盾很多，要分清主次，明确缓急，选择适宜的措施、适当的对策加以解决。如果选择不当，就会产生相反的效果。例如，系统内部的能量流和物质流是按照一定的次序流通、循环的，绝不能颠倒。如我们常说的水多、草多，草多、虫多，虫多、鱼多，这是符合实际情况的，是正确的；而另外一种提法，即猪多、肥多，肥多、粮多，就不对了，循环的次序就颠倒了，因为在这里粮食是第一性的生产，如果没有足够的第一性生产量，是不可能有猪多的出现。正确的提法应该是粮多、猪多，猪多、肥多，肥多、粮更多。因此，在农业生产中，应该首先搞清楚物质和能量流动的客观规律和流动次序，方能决定先抓什么，后抓什么。只有先抓第一性的生产，才能为第二性生产开拓途径。所以在研究解决生态农业系统内部矛盾时，必须搞清系统的结构功能、演变规律，才能挑选最合适的对策和措施，才能收到良好的效果，才不致事倍功半。

生态农业是一项长期工程，利国利民，是社会主义新农村建设的有效手段和主要途径，是我国经济发展的必然选择。国务院总理温家宝指出："21 世纪是实现我国农业现代化的关键历史阶段，现代化的农业应该是高效生态农业。"党中央、国务院十分重视生态环境建设保护，明确指出：西部地区要加快退耕还林步伐，推进生态农业、节水农业的发展。各级农业部门应进一步提高对生态环境建设保护和农村环保工作重要性的认识，加强同环保部门的协同合作，大力推进生态农业建设、农村环保，改善生态环境，促进农业可持续发展。20 世纪 90 年代，生态农业被正式列入国民经济发展"八五"计划，1993 年开始生态农业示范县建设，1999 年，国务院印发了"全国生态环境建设规划"。目前，生态农业建设正在全国推广，已建成 50 个生态农业试点县、2000 多个生态农业示范点和 111 个生态示范县区试点，人工种草和改良草地保留面积1482万公顷。

政府扶持和引导，是发展生态农业的关键。在生态农业建设中，各级党政部门要从大局出发、从长远打算，积极开展生态农业建设。要切实加强领导，强化生态农业发展意识，积极制定出台一系列激励政策和扶持机制，引导企业、农民和社会各界向生态农业投资。“生态农业”已不是一句理想的口号，而是摆在我们面前的现实问题，是农业发展的根本与真正的后劲所在，谁在这方面早认识、早动手，谁就主动。

要提高农民的思想意识，培育有文化、懂技术的新型农民。生态农业作为一种促进生态良性循环和有利于资源环境保护的农业生态体系，在实践中已显示出其合理性和科学性。但从具体工作中看，各级政府、有关部门部分干部群众对生态农业的含义理解得不深不透，有的甚至很陌生，还没有看到发展生态农业的重要性。因此，要结合农村工作、农业生产、农业技术推广工作，宣传、教育各级干部群众提高认识水平，清醒地认识到环境污染和环境生态问题，灾害频繁地发生已经成为农业乃至国民经济持续、快速、健康发展的一大隐患。要依托产业发展，广泛开展各种形式的农村实用技术培训、职业培训，引导农民崇尚科学，接受新知识、新方法，倡导科学的生产、生活方式。开展生态农业建设的主体是农民，只有农民的整体素质提高了，生态农业建设这一利国利民的工程实施起来才会事半功倍。

5. 切实改善农业生态环境

建设现代农业，对生态环境提出了更高的要求。改善我国农业生态环境，是一项长期而艰巨的任务，必须因地制宜，统筹规划，突出重点，整体推进。

第一，要加大农业污染防治力度。减少土壤中化肥、农药的残留量。把沼气建设与农村改厕、改水、改圈结合起来，加快规模养殖场粪便净化和生活污水净化处理设施建设，努力控制和减轻农业污染。实施农村环境清洁工程，改善农民生活环境。加强植物保护和重大植物疫情防控。扩大退牧还草工程规模，加强鼠虫害防治，不断改善草原生态环境，逐步建立草原生态修复的长效机制。

第二，扩大植树种草。植树绿化，扩大植被，是促进区域性气候环境良性化、改善农业生态环境的必备措施，特别对干旱地区和贫困地区尤为重要。按照国家的要求，营林方式必须实现从以人工造林为主向以封山育林为主转变，加快国土绿化步伐，提高森林覆盖率。克服重树轻草倾向，把草原建设纳入到整个生态建设系统，放到与天然林保护同等重要的地位来抓。

第三，搞好水土保持。大力推行分区综合防治战略，即将林草覆盖度较大、水土流失较轻的区域确定为重点预防保护区；将资源开发和基本建设活动较集中，损坏原地貌、水土流失危害后果较严重的区域确定为重点监督区；将原生水土流失较为严重、对当地和下游造成严重水土流失危害的区域确定为重点治理区，分区实施不同的对策。坚持以县为单位，以小流域治理为基础，调整水土保持措施配置，加大小型水利工程和林草植被建设的力度，减少江河泥沙，减轻和控制水旱灾害。注重节水灌溉，加强水资源管理，尤其是要防止盲目无序的水资源开发造成的不可逆转的生态灾难。

第四，加快治沙止漠。我国土地沙化形势十分严峻，必须把防沙治沙、加强生态环境建设，作为一项重大而紧迫的任务。要认真总结经验教训，根据新形势、新情况，进一步明确工作思路，坚持做到保护优先、预防为主、防治结合、统筹规划、综合治理、突出重点、分段实施。特别要完善机制，加强法治，实行严格的责任制，充分调动各方面的积极性，构筑绿色屏障，遏制土地沙漠化趋势。应当根据不同的地理、气候和水资源条件采取不同的治理方法。对沙化土地，要加快植树种草，建设乔、灌、草相结合的防风固沙体系，增加地表植被覆盖；在沙漠边缘，要建设阻沙林带，遏制流沙蔓延。

第五，开发无公害农产品。发展无公害农业，生产无公害的农业产品，既是生态农业建设的重要内容，又是农民增收的有效途径。我国加入世贸组织后，农产品不仅面临品质和价格的冲击，而且有安全性的巨大压力。要适应国际市场不断提出的新农药残留检测标准，就必须提高农产品的食用安全性，发展无公害农产品。无公害的农产品是在无公害的生态环境和无公害的生产技术操作下生产出来的。因此，在农业结构调整中，要把改善农业生态环境放在重要位置，以生态适宜度为依据发展生态农业，用混合饲养型耕作制改造谷物大田耕作制，引导农民多生产无公害的粮食、蔬菜、果品、茶叶等农产品。政府还要通过规划引导、税收、信贷、价格、投资等经济杠杆和信息、技术服务，吸引企业将资金投入到生态农业建设中，尤其要在无公害农产品、“绿色食品”开发等能够直接给企业带来经济效益的领域优先考虑按照企业的方式运作项目，组建生态农业开发公司或集团，将生态环境优化转为经济优势。

第六章

加强农业基础设施建设

走中国特色农业现代化道路，根本之策是大力加强农业基础设施建设；促进城乡经济社会一体化发展，关键之举是扎实推进社会主义新农村建设。这些年来，我们顺应时代要求，遵循发展规律，坚持并落实“工业反哺农业、城市支持农村”和“多予、少取、放活”的方针，不断强化对农业和农村工作的领导，不断完善农业支持保护体系，不断解放和发展农村生产力，巩固完善强化强农惠农政策，大幅度增加农业农村投入，突出抓好农业基础设施建设，加快完善农业生产条件，使农村基础设施建设取得重大进展。

一、抓住“命脉”，打牢基础的基础

农业基础是指国家农产品的基本供给能力和主要社会经济条件。它包括农业基础设施水平，国家对农业发展科技和服务的基本支撑能力，农村基本经济制度和农村基层组织状况，以及国家对农村社会的基本公共服务水平。农业基础的好坏决定着国家农产品的保障能力、农民的收入水平和农村社会的繁荣程度。强化国家的农业基础对于提高国民经济整体水平、促进社会稳定，具有战略意义。

农业基础设施是指从事农业生产的全过程中所必需的物质条件和社会条件，是在农业生产完成的各个环节所使用的劳动材料、劳动对象等生产力要素的总和，按其内容可分为物质基础设施和社会基础设施两大类型。前者包括供应生产资料的产前环节的基础设施、生产农业初级产品的农业产中环节的基础设施、加速农产品流通的农业产后环节的基础设施；后者包括农业综合教育方面的基础设施、农业科研方面的基础设施、农业推广方面的基础设施、农业政策及法规方面的基础设施、农业信息方面的基础设施。不论是物质基础设施还是社会基础设施，其作用都是为了扩大和提高农业综合生产能力和生产水平，二者互为条件，互相补充，只有各方面基础建设综合发展，协调配套，相互促进，农业基础设施建设才可能有所发展、有所提高。农业基础设施是现代农业的基础，是现代农业发展不可缺少的条件之一。农业生产具有季节性、周期性的特点，它的直接对象是植物和微生物，农业生产的过程是经济再生产过程和自然再生产过程交织在一起的。农业的这些特点，决定了人们在进行农业生产时，不仅要遵守经济规律，还要遵守自然规律，可以说，农业生产离不开良好的自然条件和气候作保障，但实践证明，农业生产更离不开良好的农业基础设施作保障。当前，正在进行的农业结构调整，本身也是对农业基础设施建设提出了新的更高要求。随着农业生产条件的日益改善，“设施农业”这一新名词应运而生。只有进一步搞好农业基础设施建设，才能巩固和提高农业综合生产能力，才能为调整和优化农业结构提供更为广阔的发展空间，才能为发展优质高效农业创造必要的物质基础和良好的生产条件。在新的农业生产形势下，农业基础设施的完善与否，将直接影响和制约农业综合生产能力的提高，影响和制约农产品竞争力的提高，影响和制约农民收入水平的提高。

1. 加强农业基础建设的重要意义

从经济社会发展全局来看，近几年，我国贯彻“重中之重”战略思想，实行“工业反哺农业、城市带动农业”和“多予少取放活”方针，成为农业发展最好、农村变化最大、农民实惠最多、干群心气儿最顺的时期之一。特别是农业生产稳定发展，粮食产量连年增长，为促进国民经济又好又快发展、保持社会和谐稳定奠定了坚实基础。但农村与城市相比发展滞后，农业与其他行业相比效益偏低，农民与城市居民相比收入偏低的局面没有根本改变；农业基础设施薄弱、综合生产能力不强的局面没有根本改变。一段时期农产品价格受国际市场粮食价格上涨等多种因素影响，持续出现结构性上涨，对于部分群众的生活确实带来一定压力。为了防止价格由结构性上涨演变为通货膨胀，必须稳定农产品生产，稳定农产品价格，稳定农产品市场，进而稳定人心、稳定社会。中央为确保国家粮食安全、确保社会和谐稳定，强调加强农业基础设施建设，充分表明中央切实把解决“三农”问题作为全党工作的重中之重。可见，加强农业基础设施建设何等重要。

从农业自身发展来看，现代农业是自然再生产的过程，必须强化基础建设，成为现代化装备的生态农业；现代农业是经济再生产的过程，必须满足消费者对农产品数量和质量的需求，成为高效农业；现代农业是社会再生产的过程，必须保障13亿以上人口的粮食安全，并成为促进农民持续增收的主要途径。我国农业现代化虽有很大进步，但与农业发达的国家相比，不仅其水利化、机械化、化学化、良种化、电脑化、生物工程化等，都还达不到世界一流水平，而且面临资源约束越来越大、自然风险和市场风险越来越大、科研应用推广越来越难、基础设施任务越来越重等制约因素。由此可见，加强农业基础设施建设是促进农业发展的迫切要求。

从农民增收形势看，农民收入连续四年保持6%以上的增长速度，2008年是农民收入快速增长的一年，人均纯收入突破4000元。但是城乡收入的差距仍在不断扩大。农民人均收入增长幅度仍然低于城镇居民1个百分点以上。农民三年增加的收入还没有城市居民一年增加的收入多。对于相当部分的农民来说，农业收入仍占较大比重，由于水电等能源价格和化肥农药等生产资料不断涨价，增收效果仍不十分明显。显然，加强农业基础建设，提高农业综合生产能力有利于农业增产增收。

综上所述，加强农业基础设施建设，对保持农业农村发展势头，促进农民增收，稳定经济社会发展大局具有重要的意义。因此，加强农业基础地位的弦要始终绷紧，粮食安全的警钟要始终长鸣。必须加强农业基础设施建设，促进农业生产不停滞不滑坡，保障主要农产品基本供给不脱销不断档，实现主要农产品市场价格不大涨不大落，争取农民增收势头不回落不放缓，做到新农村建设不松懈不走样。

2. 着力深化对农业基础设施地位的认识

加快农业现代化建设步伐，首先必须提高对农业基础设施地位的认识。现在回过头来看，仅仅认识到农业基础设施的若干直接功能和作用是不够的，还要深刻地领会到：

第一，农业基础设施不仅仅是农业生产的物质技术条件，而且也是保证社会总产品扩大再生产得以顺利进行的重要物质条件和物质保障。

第二，如果说基础设施是一国（或一地区）经济社会赖以发展的“先行资本”，农业基础设施则是农业和农村赖以发展的“先行资本”。

第三，基础设施是一个综合性产业部门，而农业基础设施同样也是社会经济结构中的一个重要的综合性产业部门。

第四，农业基础设施的现代化是农业现代化的主要内容和主要构成要素。农业现代化就是不断地采用现代物质技术手段来改造农业、装备农业，不断地采用现代管理方法来改善和调整农业生产关系。

第五，现代农业基础设施与传统农业基础设施和转变中的农业基础设施有着本质的区别。对现代农业基础设施的认识，不能停留在传统农业和转变中的农业的认识水平上，必须扩大基础设施的认识范围。

第六，农业基础设施作为基础设施的一个子系统，虽然具有基础设施的一般特征，但是在计算农业基础设施对社会的贡献率时，却要充分考虑到农业基础设施的特殊性，单纯着眼于农业基础设施的直接经济效益，将会低估农业基础设施的社会性意义，从而有可能给农业基础设施的发展带来不利的影响。总之，只有高度认识到发展农业基础设施具有重要的现实意义，才有可能在实践中给予其应有的发展地位。

二、农业基础设施建设现状不乐观

应该说，我国政府一直是比较重视农业基础设施建设的。例如，我们一直把水利当做农业的命脉而予以高度重视。改革开放以来，国家和地方对农业基础设施建设投入了很大的人力、物力和财力，可以说，农业基础设施建设取得了长足的进展，农业生产条件得到了较大的改善。然而，从全面提升农产品的竞争力，新时期农业发展的客观需要，实现农业可持续发展来说，农业基础设施建设还是相对滞后的，现有的农业基础设施与农业经济发展的客观要求不相适应。与发达国家和部分新兴工业化国家的发展速度和发展进程相比，还存在明显的差距。并逐渐暴露出与社会经济发展不相协调的一面，严重制约了农业和农村经济的发展。

但是，基础设施由于其功能不同，存在的具体问题及其表现形式可能不尽相同。主要表现在以下几个方面：

第一，国家投入明显不足，投资结构不合理。改革开放以来，特别是1998年中央采取积极财政政策以来，中央财政对“三农”投入逐年加大，2004年后投入增长的势头更快，据初步统计，2003—2007年，中央财政对“三农”的资金投入总计达15060亿元，相当于前10年（1993—2002年）的总和。其中与农业生产基础设施建设紧密相关的农业生产基本建设投资也有一定程度增加。但是与需求量相比，还存在巨大差额。投资数量严重不足。此外，投资结构也不尽合理。农民急需的农村水利设施建设和维护等至今是基础设施供给中的“盲点”，农业基础设施的供给结构出现失衡现象。

第二，没有把农业基础设施放在优先发展的地位上加以统筹规划和安排，农业基础设施难以发挥出它应有的“社会先行资本”的本质特征。一方面，由于资源约束，在经费严重不足的情况下，不能同时或在短期内建成农业基础设施体系，只能是有选择性地建设某些子项或小规模的农业基础设施，使农业基础设施的规模效应不能得到有效的和充分的发挥。另一方面，即使是有限的投入，其中绝大部分用于各行各业都受益的重大项目，如大江大河的治理，水利、林业生态环境治理等方面，这些基础设施建设的受益对象不仅仅限于农业，但都算到农业投入中，一定程度上夸大了政府农业投入的规模。再加上即使是完全的农业投入，直接用于流通环节的补贴过高，而一些关系农业发展全局的基础性、战略性、公益性项目，如农业品质改良、重大病虫害控制、食品安全保障、社会化服务体系等与农业生产关系密切的基础设施投入有限，难以直接带动农业发展和农业增收。

第三，农业基础设施建设投资的效益低下。效益低下是旧体制的痼疾之一，农业基础设施建设投资亦不例外。其主要原因在于：一是产权主体不明晰，责、权、利不统一。投资主体不负投资责任，投资决策者既不负投资责任，亦不享受投资利益，工程项目获益者又没有投资决策权力，更不会对投资项目负责，结果必然是投资无责任主体。二是不尊重科学。工程项目不讲可行性研究，以可批性代替可行性，决策主观化、盲目化。三是不顾国情，不量力而行。往往是超过国情国力，欲速则不达，致使大上大下，许多项目变成“胡子工程”、“钓鱼工程”，拉长了建设周期。四是缺乏统一规划，统一安排。各自为政，条块分割，重复投资，重复布局，重复建设。五是形式主义，搞“花架子”工程。有人做过这样的估算，认为水利建设中有近一半的劳动投入是无效劳动。六是无偿平调。超出设施服务范围和服务对象征调非受益地区和非受益者的人力、财力、物力。平调虽然有效于受益区内的服务设施建设，但不利于非受益区基础设施的发展。既不公平，也不合理，更不经济。完全违背了“谁投资，谁受益”、“谁受益越大，谁投资越多”这一基本原则。七是免费供给，需求无度，不讲节约，不讲使用效率，等等。

第四，忽视技术进步，农业灌溉和生态能源基础建设滞后，农业服务和支撑体系缺失。不注重技术进步是传统体制的另一大弊端。我国固定资产投资历来偏好铺新摊子，上新项目，复制古董。对既有的设施不注意进行技术改造和技术更新，结果造成大量设施陈旧、老化、高消耗、低产出、运营效率低。如在农业灌溉方面，由于在集体经济时期，依靠大规模的劳动动员和积累，通过治理江河、兴建灌区，有效灌溉面积保持了持续增长，1957年到1978年有效灌溉面积由2733.9万公顷扩大到4496.5万公顷，增长了64.5%，年均增长2.4%，为改革初期农业的高速增长奠定了基础。但其后农业水利和灌溉设施发展缓慢。

第五，布局不尽合理。我国农业基础设施布局存在许多不尽合理之处，主要表现在：一是重复布局。由于条块分割体制，各自为政，为了“万事不求人”，只好“自给自足”、“大而全”、“小而全”，封闭运行。基础设施本应是社会性公共产品，结果却成了“单位产品”或“部门产品”，既浪费资源，又降低了使用效率。二是位置不当。基础设施具有固着性特征，一旦附着于一定的空间区域，则难以改变服务范围。三是互不关联。特种设施之间相互关联性较差。如港口建设往往缺乏疏港配套设施；仓储设施建设不考虑加工配套设施；农村教育与农业科研技术推广不能有机地结合起来，形成一体化网络。各种设施缺乏内在联系，互不协调，互不配套，降低了基础设施的整体功能。四是相互矛盾。各种设施之间不仅协调性较差，反而在功能运作上相互制约，相互矛盾。这种情况在交通运输、水利、能源等综合性较强的农业基础设施方面比较普遍。如在长江上架设净空度较低的桥梁，虽便利了南北交通，但却阻碍了东西航道；又如水利工程，只修大坝，仅为防洪发电，而不建船闸，不管航运。五是结构不良。各子系统相互之间或同功能设施内部，比例关系没有达到优化状态。如交通运输业内部，长期偏好铁路，轻视其他运输方式，尤其是不重视水运，弃水走陆。在农业科学研究和开发、推广中，重视实验室研究，轻视技术开发和推广工作，各种设施之间结构过于松散，谈不上有什么良好的比例关系。

第六，管理体制不顺。农业基础设施管理体制包括产权管理体制、投资管理体制、营运管理体制、价格管理体制等，这些体制都是在计划经济时代形成的。经过30年的改革，我国已经建立了社会主义市场经济体制，但是由于旧体制的惯性作用，许多旧体制的弊端还没有根除。产权制度建设中最主要的问题是，所有权主体意识不强，产权不明晰，财产分割，资产损失渗漏严重；存量不清，呆滞闲置；流量挪用、转移；管理权趋于分散化，等等。投资管理体制存在的问题，主要是投资责、权、利不统一；财政、信贷与投资职能不分；乱立项，乱开发，乱投资；投资效益低下；投资饥渴难以遏止，等等。营运管理体制存在的最大问题是各种责任制往往是有名无实，徒具形式。价格体制存在的主要问题是乱收费，乱摊派，垄断定价，前后价格关系不顺，财政补贴负担过重。

三、环环扣紧，抓好农业基础设施建设

抓好农业基础设施建设，要注意环环扣紧。我们必须按照“适合国情、着眼长远、逐步增加、健全机制”的原则，农业基础设施建设要向重点产区倾斜，向提高农业综合生产能力倾斜，不断加大农业基础设施建设力度。

1. 强化农业基础地位的总体要求

在经济社会发展新阶段，农业的多种功能日益凸显，农业的基础作用日益彰显。因此，我们必须更加自觉地加强农业基础地位，不断加大强农惠农政策力度。

第一，按照统筹城乡发展要求切实加大“三农”投入力度。强化农业基础，必须引导要素资源合理配置，推动国民收入分配切实向“三农”倾斜，大幅度增加对农业和农村投入。新世纪

新阶段，统筹城乡发展成效显著，全面取消农业税就是标志。

在投入政策方面，继续加大对中低产田改造、高标准农田建设、农业科技、动植物疫病防控、农业机械化等方面的支持力度，确保基础设施投资重点向农业和农村倾斜。在补贴政策方面，继续增加补贴资金规模，扩大补贴范围，提高补贴标准，完善补贴方式，新增补贴重点放在促生产、保供给上。在价格政策方面，进一步健全农产品市场体系，理顺农产品价格，落实好粮食最低收购价政策，保持农产品价格合理水平。在税收政策方面，落实好农业企业所得税减免和农业产业化重点龙头企业、农民专业合作社的税收优惠政策，完善农产品加工的税收政策。此外，要积极争取、有效运用政策保护空间，加大多双边农业质量标准和贸易谈判参与力度，加快农业贸易预警和贸易救济体系建设，确立灵活适度的进出口调控政策，切实加强对农业的保护。

第二，形成农业增效、农民增收良性互动格局。要通过结构优化增收，继续搞好农产品优势区域布局规划和建设，支持优质农产品生产和特色农业发展，推进农产品精深加工。要通过降低成本增收，大力发展节约型农业，促进秸秆等副产品和生活废弃物资源化利用，提高农业生产效益。要通过非农就业增收，提高乡镇企业、家庭工业和乡村旅游业发展水平，增强县域经济发展活力，改善农民工进城就业和返乡创业环境。要通过政策支持增收，加大惠农力度，防止农民负担反弹，合理调控重要农产品和农业生产资料价格。进一步明确农民家庭财产的法律地位，保障农民对集体财产的收益权，创造条件让更多农民获得财产性收入。

第三，探索建立促进城乡一体化发展的体制机制，消除城乡二元体制，建设社会主义新农村，实现以城带乡、城乡协调发展，是长期战略任务。一是统筹教育经费投入。农村义务教育受财力、物力、人力不足的制约，教育硬件条件长期得不到改善，校舍面积严重不达标，教学设施落后，教师队伍不稳定，农村基层教育供给能力严重不足。对此，应统筹教育经费投入，重点加强对农村乡镇教育的经费投入。二是改革农村金融体制。目前城乡金融二元对立的现象突出，农村金融体制改革滞后，农村金融资源稀缺，不能满足农村发展的需求，已经成为制约统筹城乡发展的突出问题。表现在：国有商业银行基本上退出了农村；农发行业务范围十分有限；邮政储蓄是只存不贷的“抽水机”；农村信用社成为农村金融供给的主体，运行存在诸多困难，不能满足农村金融需求；农业保险体系严重缺失；农村非正规金融组织缺乏必要的政策引导与监管。三是完善农村基本经营制度，稳定农村土地承包关系。深化农村经济体制改革，必须长期稳定并不断完善以家庭承包经营为基础统分结合的双层经营体制。农户在承包期内可根据依法、自愿、有偿的原则进行多种形式的土地承包经营权流转。要坚持最严格的耕地保护制度，加快征地制度改革。四是改革城乡户籍制度。传统的城乡二元结构的户籍管理制度弊端越来越明显，已经成为束缚城乡协调发展的体制性障碍。

户籍改革本身并不复杂，但附加在户籍制度之上的相关社会经济政策以及由此形成的社会利益分配格局却是错综复杂的。不研究解决好相关的社会经济政策问题，户籍管理制度改革将难以稳步推进。国家应加快户籍制度改革的推进步伐，对社会公共资源要让全体公民共同享有，不分地域、不论身份和职业，实行权利与责任、权利与义务对等。清理并消除城乡户籍差别的不平等待遇，切实解决传统户籍管理中的问题。

2. 抓好农业基础设施建设的基本思路

现代农业是与传统农业相对应的；是以广泛应用现代科学技术为主要标志的农业；是彻底改变了以手工劳动为主的生产方式，实现农业的专业化、规模化、集约化、社会化的大生产。要达到这一高水平、高标准，必须切实加强和完善农业基础设施建设，而当前应重点抓好以下环节：

第一，树立农业基础设施先行意识。增强对农业基础设施重要性和必要性的认识，树立农业基础设施先行的意识，把农业基础设施建设作为农业和农村工作的重中之重。充分认识农业基础设施建设是一项“功在当代、利在千秋”的事业，是一项造福子孙、深得民心的伟业。

第二，切实解决以水利基础设施建设为主的现代农业基础设施建设。农业基础设施建设涉及面广、内容丰富，是一项长期而繁重的任务。在建设过程中必须有所侧重，突出重点。当前，应着重解决以水利为重点的农业基础设施建设。水利是农业经济的命脉，关系到千家万户、各单位和组织，要坚持以提高防汛抗旱能力为中心，继续加快河道整治，搞好大型灌区水利设施的更新改造和配套工程建设。

第三，以市场为主，积极探索多种筹资方式。加强农业基础设施建设，关键要解决投入问题，长期以来，农业基础设施投资主体一直由政府、集体承担，但政府、集体的投资力度相对有限，在这种形势下，积极探索和利用民间资金，加快农业基础设施建设不失为良策。应本着为农业生产发展创造优良的条件，进一步形成一种“取之于民、用之于民”的良好氛围，吸引个人、集体、外资等各类经济主体投资农业基础设施建设。只有这样，以市场为基础，农业基础设施建设才能真正自我发展、自我壮大，成为农业和农村经济发展的基础保证。

第四，加强农业基础设施规划与管理新体制。一方面，对现有的农业基础设施可以采取市场运行机制，通过拍卖、承包、租赁等形式，由当地企业和农民自主经营，管理单位可以相应收取管理费，资金的缺口由政府给予一定的补助等办法，切实维护农业基础设施的有效运行。另一方面，加强农业劳动者的培训与教育，提高农业劳动者的基本素质，形成爱护和保护农业基础设施的良好意识，积极引导农业劳动者参与农业基础设施建设。

3. 抓好农业基础设施建设的主要措施

加强农业基础设施建设是强化农业基础的紧迫任务。必须切实加大投入力度，加快建设步伐，努力提高农业综合生产能力，尽快改变农业基础设施长期薄弱的局面。

第一，狠抓小型农田水利建设。抓紧编制和完善县级农田水利建设规划，整体推进农田水利工程建设和管理。大幅度增加中央和省级小型农田水利工程建设补助专项资金，将大中型灌区末级渠系改造和小型排涝设施建设纳入补助范围。以雨水集蓄利用为重点，兴建山区小型抗旱水源工程。采取奖励、补助等形式，调动农民建设小型农田水利工程的积极性。推进小型农田水利工程产权制度改革，探索非经营性农村水利工程管理体制改革办法，明确建设主体和管护责任。支持农民用水合作组织发展，提高服务能力。

第二，大力发展节水灌溉。继续把大型灌区节水改造作为农业固定资产投资的重点，力争到2020年基本完成大型灌区续建配套与节水改造任务。农业综合开发要增加中型灌区骨干工程和大中型灌区田间节水改造资金投入。搞好节水灌溉示范，引导农民积极采用节水设备和技术。扩大大型灌溉排水泵站技术改造规模和范围，实施重点涝区治理。对农业灌排用电给予优惠。

第三，抓紧实施病险水库除险加固。大幅度增加病险水库除险加固资金投入，健全责任制，加快完成大中型和重点小型病险水库除险加固任务。各地要加快编制重点地区中小河流治理规划，增加建设投入，中央对中西部地区给予适当补助。引导地方搞好河道疏浚。深化水利工程管理体制改革，进一步落实库区移民政策。加快西南地区中小型水源工程建设。扩大实施山洪灾害防治试点，加强地质灾害防治工作。

第四，加强耕地保护和土壤改良。严格执行土地利用总体规划和年度计划，全面落实耕地保护责任制，建立和完善土地违法违规案件查处协调机制，切实控制建设占用耕地和林地。土地出让收入用于农村的投入，要重点支持基本农田整理、灾毁复垦和耕地质量建设。继续增加投入，加大力度改造中低产田。加快沃土工程实施步伐，扩大测土配方施肥规模。支持农民秸秆还田、种植绿肥、增施有机肥。加快实施旱作农业示范工程，建设一批旱作节水示范区。

第五，加快推进农业机械化。推进农业机械化是转变农业生产方式的迫切需要，也为振兴农机工业提供了重要机遇。加快推进粮食作物生产全程机械化，稳步发展经济作物和养殖业机械化。加强先进适用、生产急需农业机械的研发，重点在粮食主产区、南方丘陵区和血吸虫疫区加快推广应用。完善农业机械化税费优惠政策，对农机作业服务实行减免税，对从事田间作业的拖拉机免征养路费，继续落实农机跨区作业免费通行政策。继续实施保护性耕作项目。扶持发展农机大户、农机合作社和农机专业服务公司。加强农机安全监理工作。

在加快推进农业机械化过程中，要着重注意以下几个方面：①农业机械化以提高经济效益为前提，不仅重视增加产量和节省劳力，也重视为农民增加收入。②根据国情、国力确定农业机械化的发展速度，与工业、能源、科技、资金和劳力安排等方面的状况相适应。③在一个相当长的时期内，农业生产应实行人力、畜力、机力、电力相结合，以及改良农具、半机械化机具和现代农业机器相结合。④农业机械化为实现农业全面发展和农工商综合经营服务，其范围既包括种植业，也包括林、牧、副、渔各业以及各业的产前（如种子加工、饲料调制）、产后（如农产品加工、冷藏、装仓、包装、运输）诸环节，还包括农村建设和农民生活等方面。⑤农业机械化的作业项目不要急于求全，要优先选择增产增收效果显著，能减轻农忙劳动紧张程度和劳动强度的环节；在地区上不强求一律，支持条件好的地方先走一步。⑥农业机械化要与其他农业技术的政策相结合，既要为推广先进的现代农业技术服务，又要与继承优良传统技术相适应，从而创立中国自己的农业机器体系。⑦农机产品以小型为主，大中小型相结合，以价廉、质优、耗能少、使用和修理方便为原则。⑧重视农业电气化，特别是重视农村小水电站的发展。⑨妥善安排机械化过程中节约出来的劳动力的出路。⑩农业机械的所有制与经营形式多样化，以适应实行联产承包责任制后农村经济的新形势。农业机械除由集体、国家所有外，还可归农户个人所有。在经营形式上可以家庭自营、农民合伙经营、农户承包经营，以及由国家或合作经销组织设立农机服务（队、站、公司）经营。⑪重视农业机械化的智力投资，培养大批适应农业机械化发展需要的人才，等等。

第六，继续加强生态建设。深入实施天然林保护、退耕还林等重点生态工程。建立健全森林、草原和水土保持生态效益补偿制度，多渠道筹集补偿资金，增强生态功能。继续推进山区综合开发，促进林业产业发展。落实草畜平衡制度，推进退牧还草，发展牧区水利，兴建人工草场。加强森林草原火灾监测预警体系和防火基础设施建设。继续搞好长江、黄河、东北黑土区等重点流域、区域水土保持工作。加强荒漠化、石漠化治理，加大坡改梯、黄土高原淤地坝和南方崩岗治理工程建设力度，加强湿地保护，促进生态自我修复。加强农村节能减排工作，鼓励发展循环农业，推进以非粮油作物为主要原料的生物质能源研究和开发。加大农业面源污染防治力度，抓紧制定规划，切实增加投入，落实治理责任，加快重点区域治理步伐。

4. 加强对农业基础设施建设的组织领导

农业基础设施建设，意义重大，任务艰巨。各地区、各有关部门应该切实加强领导，采取有效措施，狠抓工作落实，确保基本建设的各项任务顺利完成。

一是明确领导责任，加大农业基础设施建设工作力度。各地区要把农业基础设施建设作为一项重要工作，切实抓紧抓好。各有关部门要各司其职，密切配合，通力协作。要认真落实行政首长负责制，制定和完善绩效考核奖惩办法，通过以奖代补、评比表彰等方式，调动基层政府和部门组织开展农业基础设施建设的积极性。

二是调动各方面积极性，多渠道增加农业基础设施建设投入。中央财政要大幅度增加建设补助专项资金和大中型灌区续建配套与节水改造资金规模。要提高农业综合开发、土地整治等专项资金用于农田水利基本建设的比例。地方各级政府也应切实承担起农业基础设施建设的责任，把农业基础设施建设纳入基本建设投资计划和财政预算。农村金融机构要增加农业基础设施信贷投放，延长贷款期限。完善政策措施，鼓励和引导民间资金、社会资金以多种方式投入农业基础设施建设。

三是完善管理机制，确保农业基础设施发挥效益。建立健全农业基础设施建设各项管理制度，加强建设管理和建后管理，确保工程建一处、成一处，发挥一处效益。坚持分级负责的原则，明确各类农业基础设施的管理主体。继续推进以产权为核心的小型农田水利工程管理体制改革，落实管护责任，搞活经营。要加强基层服务体系建设，明确服务职能，落实人员和经费。

四是转变组织方式，充分发挥农民的主体作用。农业基础设施建设要造福农民群众，必须紧紧依靠农民群众。要适应市场经济体制和基层民主政治建设要求，建立健全农民参与建设、管理和决策的新机制。政府部门制定基本建设规划，要广泛听取群众意见。凡是政府组织、农民参与的工程，实行“一事一议”，把决策权交给农民群众；凡是农民自己能够兴办的工程，要放手让农民去做，实行“民办公助”。通过民主议事、民主决策等制度，保障农民群众对公共事务的知情权、决策权和监督权。通过“民办公助”、“以奖代补”等措施，调动农民参与建设与管理的积极性。

五是加强宣传动员工作，努力营造农业基础设施建设的良好氛围。要通过各种方式，广泛宣传农业基础设施建设的重要意义，把政策和要求交给干部群众。要注重典型宣传，发挥典型的示范带动作用。宣传典型要注意时代性和示范性，更多地宣传通过自力更生、艰苦奋斗改变生产生活条件的典型，宣传增加投入、创新机制的典型，宣传让农民得到实惠的典型。

5. 构建强化农业基础地位的长效机制

一种能够强化国家农业基础的长效机制，是指确立一整套长久运行的制度，以确保国家对农业长期投入的稳定增长和有效利用，确保农业资源得到合理有效配置，确保农民生产积极性得到有效保护。改革开放以来，我国农村改革取得了伟大成就，农业生产获得长足进步，但农业基础还不稳固，这是党中央提出“构建强化农业基础的长效机制”这一号召的根本原因。目前我国农业资源环境和市场约束增强，保障农产品供求平衡难度加大，要求加速转变农业发展方式。农产品贸易竞争加剧，促进优势农产品出口和适时适度调控进口难度加大，要求加快提升农业竞争力。农业比较效益下降，保持粮食稳定发展、农民持续增收难度加大，要求健全农业支持保护体系。农村生产要素外流加剧，缩小城乡差距难度加大，要求加大统筹城乡发展力度。农村社会结构深刻转型，兼顾各方利益和搞好社会管理难度加大，要求进一步完善乡村治理机制。面临这些挑战，只有构建强化农业基础的长效机制，才能化解危机，推动农业生产迈上新的台阶。

第一，加强和巩固农业基础地位，始终把解决好十几亿人口的吃饭问题作为治国安邦的头等大事。一是确保国家粮食安全。粮食安全对于中国来说有着极为重要的意义。中国是一个十几亿人口的大国，吃饭问题始终是第一位的问题，因此，任何时候都必须把农业放在最重要的位置。我们要高度重视保护和提高粮食生产能力，建设稳定的商品粮基地，建立符合我国国情和社会主义市场经济要求的粮食安全体系，确保粮食供求基本平衡。二是努力增加农民收入。这不仅关系到农业和农村的发展，也关系到国民经济的全局。三是切实减轻农民负担。农民负担过重的问题是直接影响农村经济发展和社会稳定的重大问题。四是繁荣发展农村文化。在集中精力抓好农业和农村经济发展的同时，必须切实抓好农村基层组织建设、民主法制建设和社会主义精神文明建设，保持农村社会稳定，促进农村经济社会全面发展。

第二，必须切实保障农民权益，始终把实现好、维护好、发展好广大农民根本利益作为农村一切工作的出发点和落脚点。一是保护农民的土地财产权。坚持土地基本经营制度不动摇，坚持最严格的土地管理制度，建立土地征收征用的合理补偿机制和农民的生计安置办法，切实保护农民的土地承包收益权。二是把正确对待农民工作为关系全局和长远的大事。坚持公平对待、一视同仁，强化管理、完善服务，解决农民工工资偏低和拖欠问题，加强农民工就业服务和权益保障，清理取消各种歧视性规定和不合理限制，加强就业培训和职业安全卫生保护，探索农民工的医疗保障和养老保险办法，为农民工子女提供上学机会等公共服务，切实保护农民工的合法权益。三是促进义务教育和基本医疗等服务平等化。让每个义务教育阶段的农民子女都能上得起学，让每个患病的农民都能得到治疗，切实保护农民的生存权和受教育权。四是继续做好农民负担监督管理工作。切实把减轻农民负担与加强财政对“三农”投入、发展农村经济结合起来，建立新型的农村公共事业投入机制，务必防止农民负担反弹。五是让公共财政的阳光惠及“三农”。要按照公共服务均等化的原则，扩大公共财政覆盖农村的范围，不断增加投入，加快改变农村生产生活条件和整体面貌，让农民平等享受公共财政的阳光。六是切实保护农民的民主权利。健全村党组织领导的充满活力的村民自治机制，坚持和完善民主选举、民主决策、民主管理和民主监督，完善村民“一事一议”制度，开展村务公开民主管理示范活动，让农民群众真正享有知情权、参与权、选择权和监督权。

第三，必须不断解放和发展农村社会生产力。新形势下推进农村改革发展，必须不断解放和发展农村社会生产力，始终把改革创新作为农村发展的根本动力。中国特色社会主义事业是改革创新的事业，推进农村改革发展，要充分尊重广大农民的意愿和首创精神，以不断解放和发展农村社会生产力为目标，鼓励农民大胆改革创新，激发农民群众齐心协力建设社会主义新农村的积极性、主动性、创造性，使亿万农民真正成为新农村建设的主体。一是新形势下推进农村改革发展，必须统筹城乡经济社会发展，始终把着力构建新型工农、城乡关系作为加快推进现代化建设的重大战略。我国总体上已进入以工促农、以城带乡的发展阶段，着力破除城乡二元结构，形成城乡经济社会发展一体化新格局，已经成为推动科学发展的客观要求。当前，国际金融市场动荡加剧，全球经济增长明显放缓，国际经济环境中不稳定因素明显增多，扩大国内需求特别是消费需求意义凸显。按照党的十七届三中全会提出的目标任务，着力破除城乡二元结构、形成城乡经济社会发展一体化格局，到 2020 年实现农民人均纯收入比 2008 年翻一番，消费水平大幅度提升，必将对促进我国经济社会又好又快发展产生重大而深远的影响。二是新形势下推进农村改革发展，必须坚持党管农村工作，始终把加强和改善党对农村工作的领导作为推进农村改革发展的政治保证，不断提高党领导农村工作的水平，使党组织成为推进农村改革发展的坚强领导核心，使党员干部成为推进农村改革发展的带头人，造福广大农民，造福中华民族。

总之，充分尊重农民的首创精神，依靠农民群众的力量推进现代农业建设，按照“高产、优质、高效、生态、安全”的要求，加快转变农业发展方式，推进农业科技进步和创新，加强农业物质技术装备，健全农业产业体系，提高土地产出率、资源利用率、劳动生产率，增强农业抗风险能力、国际竞争能力、可持续发展能力，中国特色农业现代化道路就会越走越宽广。